中国建筑工业出版社
学术著作出版基金项目

华厦基石：

毕业于宾夕法尼亚大学的中国第一代建筑师

Foundation:
The First Chinese Architects from the University of Pennsylvania

童明 编著

TONG Ming

中国建筑工业出版社

《基石——毕业于宾夕法尼亚大学的中国第一代建筑师》展览现场，
2017年11月。童明

前　言

中国现代的城市发展与建筑事业发轫于 20 世纪初，同时也带动了中国近现代建筑学科与建筑教育的创立和发展。在这一时期，第一代建筑学家崭露头角，其中很多杰出的代表都毕业于美国宾夕法尼亚大学美术学院（以下简称"宾大"）。他们群星璀璨，活跃在建筑设计、建筑研究、建筑教育以及建筑管理等诸多领域，构成了中国近现代建筑运动的重要篇章，是中国现代建筑学的基石。

"基石——毕业于宾夕法尼亚大学的中国第一代建筑师"展览（以下简称"基石展"），于 2017 年 11 月 21 日在中国南京的江苏省美术馆陈列馆开幕。"基石展"呈现 1918—1937 年期间，在宾夕法尼亚大学美术学院建筑系求学的 20 多位中国留学生的学习经历和专业成就。展览一经面世，反响热烈，不仅吸引了来自中国各地的专业人士前来观摩，而且也引发了广大市民的热切关注。原先暂定一个月的展期，数次延期至四个月。

"基石展"的独特之处在于，这是第一次以群像的方式，向学界与公众展示这些早期留学宾大建筑系的中国第一代建筑师们。众多来自宾大以及中国各地的珍贵史料，展示了他们在宾大留学期间的生活和学习情景，以及他们参加各类设计竞赛所获的佳绩，呈现了那一段人们可能知悉，但仍然值得深入研究的历史。

展览着重关注这批中国留学生回归祖国后的卓越成就。他们中的许多人成为一代建筑宗师，开启了中国近现代建筑的发展历程，为国家建设发挥了重要作用。他们在建筑理论和建筑实践的各个领域，从中国固有形式到现代主义风格，都进行了积极的开创性探索，从而打破了国外建筑师对于中国建筑设计行业的垄断格局，促生了一系列对于中国建筑事业意义重大的历史事件。他们协力创立了中国最初的建筑师学术团体，组织学术出版物，创建中国本土的建筑教育体系，培养第二代、第三代建筑师，为中国现代建筑事业的持续发展打下了坚实基础。他们在设计创作实践、历史理论研究、建筑遗产保护、建筑学术交流等诸多方面，走出了既有国际视野，又具中国特色的发展之路，成为中国现代科技与文化发展进程中的重要组成部分。

"基石展"在呈现大量史料的同时，不可避免地存在着一些难以弥补的缺憾，那就是作为一种以图文为主的静态性回顾，无论展品如何丰富，它都不可能完整而真实地复现历史。

为了在有限的展室空间中进行陈述，展览内容不得不以专题或板块的方式进行组织，因此在各个板块之间也留下了一些断缝，例如：第一代中国留学生在宾大所学习的内容，与其在归国之后所取得的杰出成就之间存在什么样的关联性？他们在宾大的留学内容，相比同时期在其他地方留学的中国学生，存在怎样的特殊性？他们学成之后的发展之路，与那些同期的美国同学，例如路易斯·康 (Louis Kahn)、约翰·莱恩·埃文斯 (John Lane Evens)、罗兰·斯奈德 (Rowland

Snyder)¹ 之间存在着怎样的可比性？他们归国之后所协助建立的教育体系，与他们所学习的宾大建筑教学之间存在着什么样的传承性与变革性？

这样一种内在的传承虽然显得很近，但似乎又非常遥远。从某种角度而言，展览的标题本身其实也暗含着这样的目的：如果我们将留学于宾大的第一代建筑师群体视为中国近现代建筑发展的一块最为重要的基石，那么这样基础性的因素将会体现在什么方面？对于中国近现代建筑的发展又带来了怎样的影响？从今天的角度，又应当如何对它进行认知和理解？

这些议题显然不可能采取简单的方式进行回答，因此，"基石展"仍然存有很大的开放性，其主要意图是通过更多资料性的汇聚以及情景化的展示，形成一次更为广泛的激发，以便进一步梳理中国近现代建筑的整体脉络。

"基石展"由东南大学、江苏省文化厅主办，东南大学建筑学院、江苏省美术馆承办，同时得到了众多机构及人士的热情协助，其中包括有：美国宾夕法尼亚大学校档案馆，宾夕法尼亚大学建筑档案馆，清华大学建筑学院资料室，南京城市建设档案馆，以及 William Whitaker 馆长、徐惠泉馆长、陈同乐馆长、周健民馆长、Frederick Steiner 教授、Nancy Steinhardt 教授、Timothy Horning 馆员、刘先觉教授、黎志涛教授、赖德霖教授、顾大庆教授、陈薇教授、韩冬青教授、冷嘉伟教授、庄惟敏教授、张彤教授、李士桥教授、卢永毅教授、阮昕教授、朱涛教授、唐芃教授，以及陈祯先、谢万均、梁鉴、于葵、于晓东、哈思康、哈思先、陈文虎、陈艾先、童林夙、王蕾、王国泉、吴吉明、赵翼如、王浩娱、陈立群等各方面人士。另外，"基石展"在筹备、组织以及制作过程中，全体策展团队、布展团队都付出了辛勤的劳作，在此一并致谢。

童明

策展团队：
策展人：童 明　葛 明　单 踊　李 华　汪晓茜
策展助理：任思捷　汪妍泽　张 琪

布展团队：
朱 渊　蒋 楠　黄旭升　夏 萌　张睿哲　张 倩　王嘉鑫　韩艺宽　郭 瑞　朱梦然　钱 禹
高 晋　王安安　郭 瑞　经宇澄　陈姣兰　周寒晓　李秀秀　张骐跃　王琳嫣　沈 祎　索佳尼

1 路易斯·康、约翰·莱恩·埃文斯与杨廷宝是同届同学，埃文斯在就学期间，曾经获得数量最多的设计竞赛奖项。
罗兰·斯奈德与童寯是同届同学，也曾获得过亚瑟·布鲁克奖，并于 1930 年一同前往欧洲进行游学。

目 录

前言　　　/4

引言　　　童明：中国现代建筑的基石
　　　　　——毕业于宾大的第一代
　　　　　中国建筑师群体 /10

学业建基　/34
留学于宾大的
第一代中国建筑师
/36

在宾大学建筑
/76
顾大庆：向"布扎"学习
　　　　——传统建筑设计教学法的现代诠释 /94

宾大的建筑教育
/118

中国留学生的学业成就
/156

归国贡献 /180

现代建筑学科的发展
/182

李华：现代性与"中国建筑特点"的构筑
——宾大中国第一代建筑学人的一个思想脉络
（1920—1950年代）/202

现代建筑实践的创建
/213

汪晓茜：规训与调适
——关于毕业于宾夕法尼亚大学的
中国第一代建筑师实践的思考 /254

现代建筑教育的奠基
/268

赵辰：失之东隅，收之桑榆
——浅议1920年代宾大对中国建筑学术之影响 /284

童明：范式转型中的中国近代建筑
——关于宾大建筑教育与美式布扎的反思 /295

1924 届宾夕法尼亚大学建筑学会会员合影。
资料来源：1924 年《宾夕法尼亚大学毕业纪念册》(*The Record of the Class of* 1924，1924)

第四排：约翰·斯坦豪斯，威尔弗雷德·萨金特·刘易斯，斯图尔特·派克，小弗兰克·鲍尔
第三排：达尔文·厄弗，哈罗德·斯皮尔茨·纳格尔，路易斯·康，埃里克·库珀，杨廷宝，埃德温·安德森，埃尔德里奇·斯奈德
第二排：布里顿·马丁，罗伊·雷恩卡，小欧内斯特·塔克，鲍里斯·里亚博夫，约翰·莱恩，埃文斯，艾文·帕森斯
第一排：阿尔弗雷德·林德布拉德，约瑟夫·布顿，哈罗德·海顿·韦斯，保罗·克瑞，威利·瓦格纳，维尔·安尼斯，欧内斯特·达克林

Top Row: John W. Stenhouse, Wilfred Sargent Lewis, Stewart W. Pike, W. Frank Bower Jr.
Row Three: Darwin H. Urffer, Harold T. Spitznagel, Louis I. Kahn, T. Eric Cooper, Ting Pao Yang, Edwin F. Anderson, Eldredge Snyder
Row Two: Briton Martin, Roy Ryhnka, Ernest F. Tucker. Jr, Boris Riaboff, John Lane Evans, Irvin B. Parsons
Bottom Row: Alfred G. Lindblad, Joseph F. Booton, Harold Haydn Weisse, Paul Philippe Cret, Willys P. Wagner, Verle L. Annis, Ernest R. Duckering

引 言

中国现代建筑的基石
——毕业于宾大的第一代中国建筑师群体

童明

1. "基石展"的缘起

2015 年笔者在美国访学期间,曾经前往宾大设计学院建筑档案馆查阅资料,因为那里至今仍然较为完整地保留了第一代中国留学生在宾大学习期间的学籍档案。但是与事先的期待有所不同,档案馆除了一个用于装盛这些资料的著名小木盒,似乎并没有太多其他的内容可供查阅。尽管梁思成、杨廷宝、陈植的资料有一些后续补充,但是关于其他中国留学生的材料基本上寥落无几,不仅几乎没有他们在校时期的作业、图档、笔记,关于他们的生平信息也详略不一,有些人甚至连一张清楚的相片都没有,与国内现有整理的资料相比,显得有些简陋。这一状况虽然令人失望,但又在情理之中,因为作为一所历史悠久的院校,一般不太可能完全保存所有学生的详细信息。在与档案馆馆长威廉·魏特克(William Whitaker)的交谈中,我们都产生了这样的想法,是否能够做些什么,将现有散落于各地的资料好好进行收集和梳理,并通过展览的方式,尽可能完整地呈现出来。

这一工作之所以有必要,是因为近二十多年来,随着中国近现代建筑历史研究的不断发展,来到宾大建筑档案馆查阅资料的中国学者越来越多。对于中国近现代建筑发展作出重要贡献的一些关键性人物,如梁思成、杨廷宝、童寯、林徽因等,都曾经留学于宾大,然而相关资料的不完整性和不确切性,在不同程度上影响了各类研究性工作的顺利开展。

随着多年来关于人物个案研究的不断涌现和积累,有关梁思成、林徽因、杨廷宝、童寯等人的研究渐成热点,学术深度以及社会视野也在不断拓展。这些研究都存在一种共同指向:针对这一人物群体的研究似乎蕴含着更大的重要性。他们是近百年来中国近现代建筑发展的一块重要基石,不仅意味着这项事业从无到有的肇兴,而且也意味着带有传奇色彩的后续发展。透过群体研究来映射时代规律,则需要一种更为宏观的整体视野,以便针对学科脉络以及专业趋向进行梳理和归纳。

2000 年,同济大学研究生林少宏以《毕业于宾夕法尼亚大学的中国第一代建筑师》为题完成硕士学位论文,该表述似乎是较早采用的一个明确提法。林少宏在进入建筑专业学习以后,逐渐接触梁思成、林徽因、杨廷宝、赵深、陈植、童寯、范文照、谭垣等这些近代中国建筑的重要人物资料，在这一零散、随机的过程中，林少宏发现他们都毕业于宾大的美术学院，并且之间存在着密切而错综的关系，于是就产生了进行集中研究的想法。[1]

清华大学王贵祥教授于 2001 年在宾大访学期间，曾前往宾大档案馆进行调研，撰写了《建筑学专业早期中国留美生与宾夕法尼亚大学建筑教育》《美国宾夕法尼亚大学早期中国建筑留学生的几件史料》等文，针对第一代宾大留学生进行了史料性的梳理，特别是关于梁思成、林徽因的研究，不仅探究了两人的求学经历，而且也溯源了中国现代建筑教育的历史。

台湾地区淡江大学的王俊雄与吴光庭可能是最早开始系统性研究这一议题的学者。1999 年，他们曾赴宾大进行专门调研，完成了题为《中国早期留美建筑师在美教育过程之研究——以宾州大学毕业生为例》的专题研究计划。在研究成果中，他们不仅较为完整地汇总了这一时期在宾大的中国留学生以及指导教师的名单，而且也展现了意外发现的朱彬当时在宾大修习过的设计课题，进而提出了非常富有见地的观点：真正影响近代中国建筑发展的并非一般以为的"法国布扎"，而是"美国布扎"。[2] 当时美国建筑教育对于近代中国建筑的形成与发展产生了极为重要的影响，中国则是在世界范围内接受"美国布扎"影响最为深刻的地区，而这一影响在当前的研究中似乎被严重低估了。[3]

2002 年于南京大学召开的"中国近代建筑学术思想体系研讨会"吸引了来自中、日、美、澳、新等地的众多学者的积极参与。会议采用全球视野来探讨中国建筑文化以及中国近代建筑学术思想体系，其主要内容基本上仍然围绕中国第一代建筑师来进行讨论，话题一直延伸到 19 世纪末至 20 世纪初的巴黎美术学院，以及 20 世纪 10—30 年代的费城宾大。[4]

阮昕从 1999—2002 年完成发表《偶遇的亲密关系：20 世纪的美国布扎，中国的建筑教育与实践》(Accidental Affinities: American Beaux-Arts in Twentieth-century: Chinese Architectural Education and Practice) 一文，并继而引发了 2003 年 10 月在美国宾大召开的题为"布扎、保罗·克瑞与二十世纪中国建筑"(The Beaux-Arts, Paul Philippe Cret, and Twentieth Century Architecture in China) 的国际研讨会。这是在美国召开的第一次关于中国近现代建筑的国际研讨会，来自中、美、澳、新以及中国台湾、香港等国家和地区的 20 余位学者围绕着学院派教育传统、克瑞的建筑思想、宾夕法尼亚大学与中国近代建筑留学、中国近现代建筑与城市的发展等主题发表了论文和演讲。[5]

---

1 林少宏. 毕业于宾夕法尼亚大学的中国第一代建筑师 [D]. 上海：同济大学，2000.
2 王俊雄，吴光庭. 中国早期留美建筑师在美教育过程之研究——以宾州大学毕业生为例 [Z]. 台湾"国科会"专题研究，NSC88-2411-H-032-009，1999：1.
3 同上.
4 赵辰，伍江. 中国近代建筑学术思想研究 [M]. 北京：中国建筑工业出版社，2003.
5 Jeffrey W. Cody, Nancy S. Steinhardt, Tony Atkin, ed.. Chinese Architecture and The Beaux Arts[M]. Honolulu: University of Hawaii Press, 2011.

针对这次会议，宾大建筑档案馆威廉·魏特克根据仍保存于宾大建筑档案馆的当时中国留学生的成绩档案，整理出关于中国留学生的"1918—1941年期间就学于宾大的部分中国学生名单（按入学时间）"（Partial list of Chinese students in attendance at the University of Pennsylvania's Department of Architecture from 1918 to 1941, by year of matriculation）。这份名单后来又经过赖德霖的校核与补充，得到进一步的完善，这样的一种框架性梳理也为今后的研究提供了重要的研究基础和支撑。相比于其他早期建筑留学生的情况，由于在人物、作品、事迹、资料等各方面具有非常特别的优越性和集聚性，关于毕业于宾大的第一代中国建筑师的研究渐成为中国近代建筑史研究的重点。以日益扩大的国际视野，在不断增强的学理性研究的推动下，关于中国近现代建筑的研究视角也越来越具体并且深入，所关注范围也逐渐从建筑师及其作品，拓展到他们早期所接受到的西方建筑教育，特别是对中国近代建筑发展具有极大影响的布扎体系。

另外，随着研究条件的不断改善，关于中国近代建筑的研究目标也相应不再满足于信息收集、资料汇编的简单状态，越来越多更具思想性、批判性的研究成果不断涌现，超越简单模糊、单线发展的研究状态，进而探讨更为重要的学科议题，以期能够对于当前的建筑学发展产生实质性的借鉴作用。

概括而言，这类研究主要针对以下问题：

(1) 虽然经过多年的发展，中国近代建筑史的研究视野依然不够宽阔与整体，较多关注于外来影响如何与自身体系之间的关系问题，但对于专业渊源的前因后果却认知不够，就如王俊雄所认为："目前绝大多数的研究都集中在他们返回中国以后的建筑执业、建筑教育与建筑史研究工作的过程与贡献上，对他们的留学美国期间所受的教育过程的研究并不多……甚至以讹传讹，无法合理并清晰地评估在中国近现代建筑的创建期，来自美国布扎建筑教育的影响深浅，层面与氛围。"[1] 这一趋向往往使得中国近代建筑的历史成为一种相对孤立的现象，与同时期更为宏观的世界建筑发展潮流缺乏关联，因而也难以合理评价第一代建筑师在西方接受的建筑教育为中国建筑所带来的影响。

(2) 第一代建筑师虽然对于现代中国建筑的发展作出了卓越的贡献，但这一贡献与当前正在进行的建筑实践与建筑研究之间，缺乏一种内在而紧密的传承关系。这其中虽然存在着复杂的历史原因，但相较于美国或日本现代建筑的发展过程，中国近现代建筑领域很难梳理出一条较为清晰的脉络，并且与历史上的传统中国建筑也存在着较为严重的脱节。建筑学作为一门独立的专业与学科，它是历史发展的一种特定结果，反映了社会时代性的需求，正如赖德霖所认为，"多

---

1 王俊雄，吴光庭. 中国早期留美建筑师在美教育过程之研究——以宾州大学毕业生为例 [Z]. 台湾"国科会"专题研究，NSC88-2411-H-032-009，1992：2.

年来，第一代学者的叙述借助经院化的教育主导了社会和业界对于中国建筑传统的认知，这一情形固然表明了前辈研究本身所具有的恒久价值，但同时也无可讳言地折射出历史研究和教育不能'与时俱新'的现状"[1]。

(3) 中国近代建筑的思考，关注风格式样较多，探究学理原则较少，这一观点其实很早就已获认知，就如上海建筑协会的发起人之一汤景贤于 1934 年所言，"……职是之故，一般人仅注意于建筑物表现形式之鉴赏，而忽略建筑方法及学理等之探讨，此所以吾国固有建筑技术为一般人所遗弃"[2]。这也相应导致中国近现代建筑发展的一个典型特点就是，推崇表面性的求新求变，对于建筑学的基本问题却认识不足，对于相应的社会经济因素也缺乏关注，思想内部难以厘清一种连贯性的线索，从而导致中国近现代建筑的发展，需要一次一次地从外界吸收影响，但缺乏自身的发展动力。研究导向虽然越来越多，但与本源相关的自己认知却越来越模糊。

这些问题的存在，可能与人们在历史研究中所持有的立场相关。针对中国近代建筑的研究，关于人与物的介绍相对较多，关于思与作的研究相对较少；关于风格、立场的争议相对较多，关于原理、方法的思考相对较少。诚如赵辰所言，"经过一个世纪以来的探索，今天我们已经能够分清这其中所谓的'中、西文化之争'并不是真正的问题，而中国的文化传统如何走向现代文明才是真正的问题"[3]。

从这一角度而言，"基石展"作为一种静默的文献陈列，本身并不具备能力去执行缜密的研究，但是，完整的史料呈现，或能重新唤醒沉寂多年的话题，激发更具价值的学科议题，以期建筑学科在回望历史中观照未来。

1 赖德霖. 中国近代思想史与建筑史学史 [M]. 北京：中国建筑工业出版社，2016：X.
2 东南大学建筑研究所编. 杨廷宝建筑言论选集 [M]. 北京：学术书刊出版社，1989：183.
3 赵辰，伍江. 中国近代建筑学术思想研究 [M]. 北京：中国建筑工业出版社，2003：18.

2. 第一代宾大建筑留学生

1）宾大第一代中国留学生的群体

根据宾大建筑档案馆仍然保留的学籍成绩单，从 1918—1937 年间，当时宾大美术学院共招收了 26 位华裔学生[1]，其中 17 人从该校毕业并获得学士或硕士学位。这批华裔学生并非全都来自中国大陆，其中 2~3 名可能是美籍或墨西哥籍华人，如 Chang Thomas J.，Thomas Liang Poo-ho（梁宝和）[2]，同时还有 2~3 名虽然来自中国国内，如 Zoo Yih-yi, Chang Hang T., Loh Cheng-shan 等人，由于缺乏后续资料，并且在离开宾大后也可能并未返还中国，或者不再从事建筑专业，因此难以考证。也有诸如黄耀伟、李扬安等人，虽然出生并成长于海外，毕业后来到上海工作。在中国留学生中，有两名是女性——林徽因（音）与孙熙明，分别与同去的梁思成、赵深结为连理。但是并非所有的学生都顺利地完成了他们的学业，例如方来在就学一年后不幸病逝，孙熙明在入学不到一年后与夫君赵深回到国内。还有一些学生在学习一段时间后转学他校，例如梁衍转至耶鲁大学，萨本远、Chang Hang T. 转至麻省理工学院，因而未获宾大学位。也有数名学生后来从事的可能是结构专业而非建筑专业[3]，因此，在中国近代建筑史上真正留下影响的，大约有朱彬、范文照、赵深、杨廷宝、陈植、李扬安、卢树森、梁思成、林徽因、谭垣、童寯、吴景奇、过元熙、梁衍、王华彬、哈雄文等十几人。[4]

来到宾大学习建筑的第一位中国留学生原本应该是范文照，他于 1917 年从上海圣约翰大学毕业后，因家庭的反对未能直接出国留学，而是留在圣约翰大学任教一年，直到 1918 年秋季来到宾大。因此从入学时间上来看，朱彬是第一位前往宾大学习建筑的中国留学生，他于 1918 年 9 月 21 日入学，而范文照的入学时间是 10 月 16 日，仅稍迟不足一个月。

---

1 学籍档案中还有一位来自上海名叫 Loh Cheng-shan 的学生，未收录在魏特克的名单中。
2 根据黄振翔（Sidney Wong）于 2008 年 7 月 3 日写给宾大建筑档案馆 William Whitaker 的信件，梁宝和很可能是留美幼童梁如浩（Liang Ru-hao, 1861—1941）的儿子或侄子，在前往宾大学习建筑之前，曾毕业于著名高中埃克塞特学院（The Phillips Exeter Academy）。
3 除了林徽因与孙熙明因为是女性，按当时校方规定不得在建筑系注册，而只能选择美术系，另外还有卢树森、哈雄文也在美术系获得学位。
4 这 16 人在归国后都曾经加入过中国建筑师学会。

当朱彬与范文照到达宾大时,宾大的建筑专业仍然从属于汤恩理学院(Towne Scientific School)。1920年,宾大成立美术学院(School of Fine Art),建筑系才得以从理学院中分离出来,与景观系、音乐系以及美术系共同成为美术学院的组成部分。因此,赵深与杨廷宝则是美术学院成立以来的第一批中国留学生,他们于1921年几乎同时抵达宾大。

自此之后,一直到1930年,每年都有华籍学生进入宾大美术学院,并且在1923年、1924年均有4名中国学生同时入学。这一阶段最后的入学高峰是1928年、1929年时期的王华彬、哈雄文和萨本远,他们共同形成了20世纪20年代在宾大建筑系就读的高峰期。由于"年年都有华籍学生入建筑系就读,极容易形成华籍生团体的内部认同与学习经验的传播与承袭"[1],并且很自然地形成了一种华籍学生的群体形象。

留学时期合影,前排左起:梁思成、林徽因、陈意(陈植姐姐)、陈植,摄于1924年
资料来源:陈植家属

---

1 王俊雄,吴光庭. 中国早期留美建筑师在美教育过程之研究——以宾州大学毕业生为例 [Z]. 台湾"国科会"专题研究,NSC88-2411-H-032-009,1999:2.

2）第一代中国建筑留学生集中于宾大的原因分析

自 1918—1934 年间，正值第一次至第二次世界大战之间的间隙期。来自中国的留学生如此之多地汇聚于美国宾大学习建筑，与总体国际形势有一定的相关性。特别是在 20 世纪 20 年代，中国国家政局趋于稳定，工业化、城市化水平有了一定提高，政治、经济与文化界有了较大发展，对外交流也逐渐频繁；同时，伴随着艺术运动的发展，人们对于建筑与文化、现代化与都市化的认识逐步提高，对于城市建设提出了新的需求。

为什么留学于宾大的第一代中国建筑师如此杰出，而当时的宾大为什么又如此吸引他们，以至宾大建筑教育对中国近现代建筑的发展产生了如此之大的影响？这不太寻常的现象可能要从两方面来进行解释。

一方面，这批宾大的中国留学生从出生地或籍贯地来看，广东籍较多，来自全国其他地区的也不少。但是从生源地来看，他们基本上来自当时的北平、上海、广州，其中有 2 人来自广东基督教学校，2 人来自上海圣约翰大学，而来自北京清华学校的人数最多，共达 12 人。

由于当时中国商业、服务业、新文化事业发展有限，无论是庚子赔款计划学校，还是西方教会所引导的精英化教育，国内高水平的教育环境仅限于这几座特定城市。再加上以西方技术为基础的建筑活动集中于上海、天津等租界地区，开放的城市环境，交融的文化氛围，多元的教育内容，为这批未来的建筑学子打下了良好的基础。

这批留学生一般出身优越或家学渊博，在前往宾大留学时，就已经具备了良好的外文基础以及国学素养。他们不仅天资聪慧，并且经验老成。例如范文照在前往宾大时，已经从圣约翰毕业并且担任助理教授一年，而其他大多数学生在到达宾大时，虽然年仅 20 岁左右，但已经在清华学校或者其他美国大学就读若干年。

按照宾大建筑学的标准学制，中国留学生大都能够提前完成学业。除了谭垣与吴景奇分别用五年时间完成本科阶段学习、一年时间完成硕士学位外，朱彬、范文照、陈植、李扬安、王华彬、哈雄文在本科阶段花费四年，杨廷宝、卢树森、梁思成、林徽因、童寯、过元熙花费三年，而赵深则似乎创造了奇迹，仅用不到两年时间完成本科阶段学习，半年时间完成硕士学位的学习。

中国留学生之所以能够提早完成学业，与其在国内已经接受的基础教育密切相关。特别是来自清华学校的学生，由于一些课程在国内时已有基础，可以直接进入二年级，因而可以在3~4年间完成一般需要5年才能完成的本科学位，而硕士学位都是在一年之内取得。另外如果从学籍记录上的成绩单来看，这批留学生，特别是清华-宾大的留学生，从一般学科与作为核心课程的设计课，成绩相当优异，这意味着他们对宾大建筑教育的适应性与接受度都相当高。

另一方面，当时的宾大在建筑教育方面也胜人一筹。在1910—1930年期间，宾大由于保罗·克瑞（Paul Philippe Cret）（执教时间1903—1937年）的引领，正处在顶峰状态，宾夕法尼亚大学美术学院的建筑教育体系日臻成熟，堪为鼎盛，对于中国留学生构成了巨大的吸引力。恰逢此时，前来求学的中国留学生人数最多。

这座位于美国东部大都市费城的著名学府，1868年开始设置建筑学专业，1890年成立独立的建筑系，1920年并入新成立的美术学院，并成为其中的主要单元。宾大建筑专业沿用法国巴黎美术学院的绘图房训练（atelier training）的教学模式，并力求使之适应于美国的实际需求。同时，也强调美国建筑师必须具备一般性教育与专业性训练两个方面的素质。

宾大之所以成为中国建筑学子所青睐的地方，与其启发式的教学方法以及教师个人魅力是分不开的。最早来到宾大建筑系的朱彬、范文照、赵深、杨廷宝，曾接受保罗·克瑞的悉心指导，在学业方面大有收获。当时在清华尚未毕业的陈植、梁思成、童寯等人，正是受到杨廷宝等人的鼓舞，选择了前往宾大学习建筑。

保罗·克瑞和其他宾大的教师团队营造了一个严谨而又活跃的环境，中国学生深受其益。宾大早期的中国留学生直接接受克瑞的指导，在个人关系方面也与克瑞结成了多年的良好关系。这也极大激励了后来中国建筑学子们源源不断来到宾大学习建筑设计，毕业后，他们又将这一传统带回国内，教导、激励其后的学生。

海登楼大绘图教室1，摄于1910年代后半—1920年代
资料来源：建筑系志[M]. 费城：宾夕法尼亚大学出版社，1922.

海登楼大绘图教室2，摄于1910年代后半—1920年代
资料来源：宾夕法尼亚大学建筑档案馆（Architecture Archives，University of Pennsylvania）

由于克瑞在宾大所实行的教学方法源于巴黎美术学院，在宾大留学的中国学生受到美术设计方法和理论的深刻影响。由于"宾大版"的布扎建筑教育经过多年的变革与充实，其中所蕴含的建筑认知、形式美学和设计方法，都逐渐自成体系、极具特点，形成这批留学生归返中国之后，在从事建筑教育、建筑师执业与建筑研究之时，所秉持的思想认知方式的一种深层结构。但这方面需要另辟专门研究来进行深入解析。

3. 宾大时期的优秀群体

最早进入宾大建筑设计专业的中国留学生们在当时引人注目。这一群体在宾大时期给人所留下的印象，据陈植在一篇纪念杨廷宝、童寯的文章，在美国学生中流传"中国小分队"（The Chinese Contingent）之说，并称"这些中国人真棒"（Damn Clever these Chinese）[1]。

另一可资参考的材料则来自于宾大档案馆，在那里保留着一封当时的档案馆馆长给费慰梅（Wilma J. Fairbank）的回复信件。信中提到一位同时期的美国学生罗奇（F. Spencer Roach），他称这些来自中国的庚赔学生非常"优越"（upper class），与来自北美的那种只知道贷款买豪车的华裔学生并不往来，并且在美国学生中更受欢迎。特别是陈植与林徽因，他们开朗、乐观的精神感染着每个人，陈植是宾大合唱团（Glee Club）的成员，在宾大中国留学生俱乐部表现突出。有关中国留学生在宾大的优异表现，还有更具体有力的内容进行佐证。

在以巴黎美术学院为背景的美国建筑教育体系中，衡量建筑教育水平的一项重要指标就是学生在设计竞赛中所获得的奖项。通过校内或全美的学生设计竞赛，系统性落实教学目标，激发学生学习，增进学习成果，是布扎建筑教育的一个重要方法。来自中国的留学生在这竞争激励的教育体系中屡获佳绩。

第一位来到宾大建筑系的朱彬，三年级就在由"布扎设计协会"（Beaux-Arts Institute of Design，BAID）所组织的全美大学生竞赛中，凭借一份名为"中国之门"（Chinese Gateway）的设计，从数百名参赛者中脱颖而出，获得二等奖。[2]1922年3月8日，费城的一个地方报纸《托皮卡每日首府报》刊登了一则题为《击败美国人，中国学生获得宾州建筑奖》的简讯[3]，报道了宾夕法尼亚大学中国留学生首次获奖的消息。除此之外，朱彬的作业曾经数次刊登于宾大建筑年刊，并且于1922年获得AIA奖项。[4]

---

1 陈植.学贯中西，业绩共辉——忆杨老仁辉、童老伯潜[J].建筑师，1991，40：31.
2 按学籍成绩单上的记载，是亚瑟·布鲁克奖（Arthur Spayd Brooke Prize）银奖。
3 《托皮卡每日首府报》剪报，宾大档案馆收藏。
4 该奖项有可能是优秀毕业奖。

1926年，陈植提交的关于费城市政厅西北角建筑改造设计方案，获得了当年的柯浦纪念奖（Cope Memorial Prize）一等奖。竞赛主办方所提出的题目是在费城市政厅北面进行一定加建，以完善街道转角的不够完善的形态。陈植的设计方案是在市政厅西北转角处添加一道斜向立面，不仅将两个方向的立面连成一体，形成一个钝角的转折关系，而且通过壁龛、列柱的处理，为这一侧角添加了一个端庄的入口。明快而流畅的设计表达，使得陈植这份方案从28个入选方案中脱颖而出，拔得头筹。梁思成在这一竞赛中，也获得了荣誉奖。

1928年，童寯在亚瑟·布鲁克奖（Arthur Spayd Brooke Prize）竞赛——由纽约布扎设计学院举办的第三届全国竞赛——中获得一等奖。这次竞赛共收到了全美建筑专业学生提交的近300件设计作品，来自宾大的建筑学生获得了17块奖牌中的5块，童寯则获得了宾大唯一的一等奖。这次竞赛的要求是在一块250英尺临街长度和30英尺深的长方形地块上建设一座新教教堂。在所有提交的方案中，童寯所做的设计最为细密，图纸表现得最为精致，在所有参赛的学生中表现最为突出。

除此之外，童寯还在1927年的亚瑟·布鲁克奖的竞赛中获得二等奖，同时获得二等奖的还有中国留学生李扬安。李扬安在宾大时期的表现也极为突出，除了成绩优异之外，也曾数次获奖。

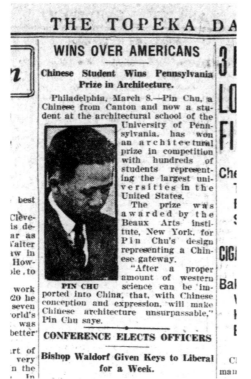

中国留学生获得宾夕法尼亚建筑奖

费城，3月8日
——来自中国广东的朱彬是宾夕法尼亚大学建筑学院的一名学生，在与来自美国各个大学的数百名学生的角逐中，他凭借中式大门这一设计，获得了由纽约布扎设计学院颁发的建筑奖。

朱彬认为："随着西方科学越来越多地被引入中国，再加上中国式的构思和表达，将会使得中国建筑更加卓越。"

赢了美国人，《托皮卡每日首府报》，1922年
资料来源：宾夕法尼亚大学校档案馆（University Archives，University of Pennsylvania）

中国留学生中最耀眼的明星当属杨廷宝。在被授予建筑学硕士学位毕业典礼上，时年23岁的杨廷宝被学院院长莱尔德称为"学院最出色的学生之一"。在短短三年的本科阶段中，杨廷宝在布扎设计学院的建筑设计中数次获奖，其中包括1923年赫克尔奖二等奖（Samuel Huckel Jr. Prize）、1924年市政艺术奖（the Municipal Art Prize）一等奖、1924年艾默生奖（the Emerson Prize）一等奖，另外还获得1924—1925年沃伦奖（Warren Prize）[1]，1925年亨利·亚当奖二等奖。

杨廷宝并不是一个死用功的学生。由于他性格开朗、乐于帮助低年级的学生，所以在学校里很受欢迎。与其他建筑院校一样，宾大的建筑课程任务繁重，花费在设计课程上的时间比其他课程的要长很多。特别是在最后交图的前一天，许多建筑学生都必须加班熬夜，才能勉强完成。但是杨廷宝却是个例外，他能很好地安排时间，不仅比较轻松完成设计，而且能够屡获佳绩。当费慰梅因写作《梁思成与林徽因》一书，于1979年写信到宾大进行调研时，当时仍然健在的宾大教师约翰·哈伯森（John F. Harbesen）以及同学罗伊·拉尔森（Roy F. Larson）、斯宾塞·劳奇（F. Spencer Roach）都非常清晰地记得杨廷宝，认为他是当时在宾大的中国留学生中最优异的一个。

陈植：柯浦纪念奖一等奖方案，1924年
资料来源：宾夕法尼亚大学校档案馆（University Archives, University of Pennsylvania）

来自宾大的中国留学生陈植所提交的市政厅西北角建筑改造设计方案获得柯浦纪念奖。竞赛主办方要求参赛者在市政厅北面进行局部加建，以如图所示的钝角，为街道转角塑造一个新立面。陈植的新立面设计方案是将市政厅设计为五边形。中心部位有壁龛，两侧设立柱，基底设讲台。插页的照片为陈植。

---

1 据张镈的回忆，杨廷宝曾经和他提及获得5次布扎设计学院（BAID）的奖项。

杨廷宝。在宾大建筑系学习的中国留学生杨廷宝两次获得全美布扎建筑竞赛荣誉提名

资料来源：Evening Report, Int'l Newsreel（《环球新闻晚报》，费城当地报纸），Mon, Dec. 24, 1923.

宾大学生在建筑学业中获得殊荣

在布扎学会举办的全国竞赛中，获得17个奖项中的5项。

来自中国沈阳的留学生童寯和卡罗尔（J. R. CARROLL, JR.）（南57街1803号）就读于宾大美术学院建筑系，共有五名该系的学生获得纽约布扎设计学院颁发的建筑竞赛奖。童寯获得了一等奖，其他当地的四位学生共获得了二等奖，卡罗尔是其中之一。

资料来源：The Philadelphia Inquirer Tue, Mar. 6, 1928

建筑一等奖。来自宾大的学生杨廷宝获得了纽约布扎设计学院最佳建筑设计一等奖

资料来源：The Philadelphia Inquirer（《费城询问报》，费城当地报纸），Sat., Dec. 13, 1924.

中国留学生获得殊荣。宾大美术学院院长称他为最杰出的
资料来源：宾夕法尼亚大学校档案馆
(University Archives，University of Pennsylvania)

不喜食大米的男孩

在下周六举行的毕业典礼上，23岁的中国留学生杨廷宝将被授予建筑硕士学位，杨也是近年来宾大美术学院培养的一名杰出学生。

学院院长赖尔德（Warren P. Laird）称杨廷宝是学院最耀眼的学生。校方也表示，杨廷宝通过作品为自己所赢得的个人奖项，是这些年来学生中最多的。

但是，杨廷宝决不是一个"书呆子"。他性格开朗，乐于襄助低年级的同学，所以在学校很受欢迎。但他并没有因为过人成就而沾沾自喜。

杨的宿舍位于南38街226号的一座三层楼上——这是一间普通学生宿舍，墙上挂满奖状与画作。

在宾大，学生花费在建筑设计课程上的时间往往要比其他课程长很多。许多建筑专业的学生都曾说，如果第二天交作业，他们就必须通宵达旦才能完成。杨廷宝却是个例外，他能很好地安排时间。

杨廷宝说："我通常睡8个小时。我最晚的时候是凌晨三点睡觉。我每天完成一部分作业，就能按时完成。我喜欢周日下午外出，描绘一下校园以外的景致。"

"不，米饭并不是我的喜爱。美国人认为米饭是中国人的主食，这是一种错误理解。美国游客去过一些人们爱吃米饭的地方，但是在我的家乡河南南阳，人们很少吃米饭。"

杨廷宝是美术学院三个社团的成员：Tau Sigma Delta（建筑荣誉学会）、Sigma-Xi（科学成就荣誉联谊会）和他在其中担任秘书的建筑学会。

杨廷宝近期所获的奖项有今年由纽约布扎艺术协会颁发的Municipal Art Prize（市政艺术奖）、Emerson Prize（艾默生奖）和Warren Prize（沃伦奖）。杨廷宝在来宾大之前，以优异成绩毕业于清华学校。一年前，他获得了建筑学士学位。

此外，过元熙、吴景奇、王华彬等，也在全美以及宾州的各类建筑设计竞赛中频传捷报，显示出超强的学习能力和竞争实力。

王俊雄在其研究中认为，这些曾获设计竞赛奖项的学生，基本上全部来自清华学校。设计竞赛中讲究布扎式的渲染表现（rendering），需要较佳的绘画基础，尤其是铅、炭笔和水彩画的基础，清华背景的学生在这方面都有相当水准，这与清华学校自由校风下某些教师，如斯达（Florence E. Starr）的鼓励有关。朱彬在清华学校学习时曾担任《清华年报》图画编辑，1915 年以智育 "绘造图样"获清华学校金牌一面，方来亦在同年获名誉奖[1]；在此之后，杨廷宝、梁思成、童寯等都曾经担任过《清华校刊》的艺术编辑，在出国前就已经打下了良好的美术基础。阮昕在其文章中也曾经推测，学院派建筑学训练中的水彩渲染、画室制度的师徒关系与中国传统书法和绘画的学习极为相似，这使得他们在学习西方建筑学时感到更多的是文化的相似性而不是差异性。

"基石展"的一些课程资料表明，中国学生所擅长的不仅在于水墨渲染，童寯绘制的构造作业、结构力学作业也十分精美。一方面显示天赋，另一方面也呈现了宾大建筑教学的严谨性。

另外，第一代宾大留学也展现了积极开朗的一面。例如陈植歌唱方面表现出来的天赋，在学校的歌唱团中担任男中音；林徽因展现的美术天赋，直到 1970 年代仍然还令宾大的老师记忆犹新。

由于各方面的极高素养，这批宾大留学生综合能力都很强，例如梁思成、林徽因、过元熙在学习期间，就已经参与学院的一些教学工作。杨廷宝、梁思成、林徽因已经在克瑞的事务所中工作实习。而据 Atkin 的调查，范文照曾经参加过宾大美术馆的设计。

与之同时，中国留学生也活跃于各种学术领域与社会领域。他们大多数在就读期间，参加了宾大建筑系建筑学社（The Society of Architecture）、费城丁字尺俱乐部（T Square Club），以及各种学生社团，并且在费城的中国留学生会中，承担了主要的角色。

---

1 赖德霖. 中国近代思想史与建筑史学史 [M]. 北京：中国建筑工业出版社，2016：135.

身在异国他乡，费城以及宾大对于这批中国留学生而言，似乎并未构成一种隔阂感，因为在来到宾大之前，在圣约翰大学、广州基督教学校、清华学校，他们就已经习惯于西式教育和国际环境，并且已经初步结成了较为紧密的群体关系。然而真正让他们走到一起的，则是建筑学这门新兴的专业，在这一前所未遇的专业性学习过程中，他们不仅频繁地切磋交流、互助提高，而且这样的紧密性也延伸到他们后续的发展之中，例如范文照、赵深参加中山陵方案设计竞赛，成为他们在上海共同发展的基础，而杨廷宝、梁思成在保罗克瑞事务所中的共事，促使他们1930年代在北平中国营造学社的共同协作，陈植与童寯在纽约伊莱·康事务所的工作经历，也成为东北大学以及华盖建筑师事务所合作的序曲。由于相似的背景、共同的专业，这批留学生在人生之途中紧密地走到了一起，并且开创了中国近代建筑史的一个群星璀璨的时代。

林徽因：兼职建筑设计教学助理（1926年），兼职设计教员（1926—1927年）

陈植：手绘教学助理（1927—1928年）

梁思成：建筑示范教员（兼职）（1926—1927年）

过元熙：美术学院手绘教员（1930—1933年）

中国留学生在宾大建筑系担任助教工作
资料来源：宾夕法尼亚大学校档案馆（University Archives，University of Pennsylvania）

4. 归国后的开拓与发展

这批留学生在毕业之后，即陆续回国在各地从事实践工作，把在美国所获之学识，应用到实业救国的事业之中。他们不仅为各大城市设计了大量的办公、住宅、学校、医院、影院和商业等各类新型建筑，打破了外国建筑师的垄断地位，而且也协力创建了中国自己的建筑研究体系和教育体系，为中国现代建筑事业的发展作出了巨大贡献。

从总体层面上看，毕业于宾大的中国留学生在归国后所作出的基础性贡献以及所取得的杰出成就，主要体现于三个方面：

1）中国现代建筑实践的创建

自20世纪初，第一批留学海外的建筑师开始回国执业，他们以高涨的报国热情，娴熟的职业技能，在南京、上海、广州等地，开始创作大量优秀的市政建筑，逐步扭转了西方建筑师主导中国大型工程的局面，并在建筑、建筑技术和建筑理念等方面，为中国建筑的现代转型作出了巨大贡献。在这一背景下，宾大留学生在归国之后，就迅速融入其中并发挥了重大的作用。

作为近代中国建筑史上影响最广的华人建筑师事务所，基泰工程司的主要成员有朱彬、杨廷宝，是事务所的中流砥柱，梁衍、萨本远也曾经在其中短暂工作，发挥了重要作用。基泰工程司初创于天津，随后在南京、上海、天津、北京、重庆快速发展，完成了一系列意义非凡的重要作品。另一家闻名遐迩的则是华盖建筑师事务所，三位主要成员赵深、陈植、童寯均拥有宾大留学背景，过元熙也曾短暂地在其中工作过，他们主要立足于上海、南京，在抗战期间也曾经在重庆、昆明、贵阳等地参与了大量的国家建设。

在华盖建筑师事务所于1932年创立之前，赵深曾经在范文照建筑事务所中工作，与范文照共同完成了八仙桥基督会青年大楼、南京大戏院、南京励志社、交通部大楼等重要作品，范文照建筑事务所不仅在上海完成了大量的作品，而且在1950—1970年代期间，于香港也完成了许多非常重要的作品，在现代建筑的发展方向上作出了积极探索。

华盖建筑师事务所另外两位成员陈植、童寯在沈阳东北大学执教期间，也曾与梁思成组成过梁、陈、童、蔡建筑师事务所，几位宾大成员之间曾经有过短暂的合作。较为后期的毕业生王华彬、哈雄文，在归国之后都曾经在上海董大酉建筑师事务所短暂工作，参加了著名的"大上海都市计划"，参与设计了上海重要的市政建筑。

这批宾大毕业生在归国之后投入的实践项目作品具有非常鲜明的时代特征。在新旧共处、东西交融的历史阶段中，他们积极探索，勇于革新，在民族性与科学性的各类实践议题中，努力寻求新民族形式与现代风格并重的设计方法。甚至到晚年，许多建筑师依然活跃在国家建设的前线，创作出一大批具有影响力的优秀作品，实现了对社会理想的追求。

2）中国现代建筑专业的发展

建筑学作为一门学科，与建筑专业在社会中所起到的作用密切相关。逐渐现代化的社会对于建筑需求量日益增大，新建建筑类型不断复杂，需要建筑师一方面在专业内部对于建造规律进行把握，另一方面也需要社会对于建筑达成一定的普遍认知。

在这方面，宾大留学生的贡献和影响几乎遍及中国现代建筑学科发展的各领域。梁思成与林徽因归国在东北大学短暂执教之后，前往北平中国营造学社主持法式部的工作，完成了大量至今仍然影响深远的历史建筑调研。其对于中国建筑历史的研究性工作，为中国建筑历史理论的发展作出了极为杰出的贡献；童寯自1930年代初开始，即对江南园林进行大量的调查和研究，提升了社会对于这门中国传统艺术的关注；哈雄文在都市建设与管理方面从事的工作，也为中国现代城市的发展奠定了重要的基础。

与此同时，鉴于"建筑师之为世所重要，社会人士，多未明瞭"，范文照于1927年与张光圻、吕彦直、庄俊、巫振英在上海共同发起成立上海建筑师学会，一年后更名为"中国建筑师学会"。在《中国建筑师学会缘起》一文中，范文照解释了"组织团体，冀向社会贡献建筑事业之真谛"[1]的时代使命。

1933年，在建筑师学会获得上海市教育局正式批准一年后的年会中，到会的19位会员中有8名来自宾大留学生；根据《中国建筑师学会名录》（1927—1940年）的统计，在中国建筑师学会至1940年所接纳的82名会员中，有16名来自宾大留学生。

总体而言，宾大留学生在归国之后，他们从成立学术团体、出版学术刊物、参与国际建筑活动，到创立中国建筑史、中国园林、中国传统建筑及传统艺术的研究基础与方法体系，他们的思想与实践涉及城市理论与都市建设，触及历史保护与建筑修缮，并且在建筑理论、设计思想与建筑评论等方面，对建筑的"现代性"与"中国性"进行了深刻的思考与探讨，不仅开拓了中国现代建筑学科的发展之路，而且也取得了学术方面的丰厚成果和极高成就。

1 范文照.中国建筑师学会缘起[J].中国建筑，1932，1（1）.

3）中国现代建筑教育的奠基

梁思成、林徽因于1928年创立了东北大学建筑系，随后陈植、童寯、蔡方荫的加盟，几乎整体延续了宾大的教学方式，将布扎体系带入中国。历史相对更为长久的中央大学建筑系（由苏南工专延伸而来），在最初时期曾经有卢树森的参与，但是直到谭垣、杨廷宝、童寯加入之后，才较为彻底演变成为以学院派教育为基础的建筑教育基地；另外在抗战时期的上海，陈植、王华彬、哈雄文等，也都曾主导着当时之江大学的建筑教育。在历史进程中，这些建筑院校经受并转、迁徙、停滞的艰苦历程，甚至几经易名，逐步形成了各具特色的教学体系。至1952年全国院系调整，中国建筑院校通过拆分、重组，基本形成了"老八校"的高等建筑教育格局。

第一代宾大留学生在归国之后所取得的这些杰出成就，如放置于时代背景下，无一不具有独特的开创性，构成了中国近代建筑发展过程中最为重要的一个环节。他们归国后在建筑实践、建筑教育、建筑研究等各个领域中，都无愧于学术精英，业界典范。

"基石展"于宾大留学生这一特定的题材，营造了一种群体性，特别是清华—宾大的第一代建筑师群体。他们不仅在清华、宾大求学期间自然地形成了紧密而优秀的学生社群，而且在归国之后的各项工作中，彼此之间的联系也非常密切。

"建筑师在近代中国的出现是一个历史现象，它反映了社会的需要，社会对于建筑的认识和专业认同的转变，以及中国在引进这门学科时的时空影响。"[1]可以认为，这一群像也是特定的历史过程所形成的。在当时特定的历史背景下，在中国现代建筑发展的时代浪潮中，他们必须共同面对同样的专业性挑战和时代性使命，就如范文照所言，"因念欲跻我国建筑事业于国际地位，即非蓄志团结，极力振作而不为功"。[2]

特定的环境促使他们走到一起，激荡的时代则提供了机遇。他们不仅结成了特定的个人关系，而且也发展成为坚定的事业伙伴，而这一特征，是非常值得深究的，尽管其中仍然还有很多缝隙需要进行填补，但这无疑是解读中国近代建筑发展过程的非常重要的一环。

---

1 陈植.学贯中西，业绩共辉——忆杨老仁辉、童老伯潜[M]//《建筑师》编辑部编.逝去的声音.北京：中国建筑工业出版社，2017：115.
2 引自：范文照.中国建筑师学会缘起[J].中国建筑，1932，1（1）：3.

5. 时代背景下的学科反思

20 世纪初，中国处在传统与现代的变革之期。

伴随着国门的逐渐打开，以及对外交流的日益频繁，中国大多数的城市与建筑的封闭状态，已经无法容纳蓄势待发的现代化变革。传统工匠营造系统，基本上已经无力承担更为广泛和快速的建筑营造，以及社会对于更实用、更舒适的建筑需求。大量全新的、前所未见的新型建筑，在上海、南京、天津、北京等地不断萌发，而能够驾驭这种新发展趋势的，只能与教会相伴而来的国外建筑师和事务所。

在这一历史转折中，中国近现代建筑的发展拉开序幕。留学于宾大的中国第一代建筑师正是在这一背景下，迸发出历史性的光芒，成为时代的弄潮儿。他们的成长时期与工作阶段，正好与国家的整体转型相应吻合。"这批建筑师在清华学校学习期间正是中国历史上思想大解放的'五四'时代，在宾大学习期间正值美国布扎以及宾大建筑教育发展的鼎盛时期，归国后又赶上 1927—1937 这十年中国近代发展的繁荣阶段，加上他们自身的关系和实力，在建筑创作、建筑教育和学术研究方面都做出了非凡成就，与国家发展的时代命运紧密地关联到一起。"

在一篇 1926 年题为《中国姑娘立志拯救祖国艺术》（*Chinese Girl Dedicates Self to Save Art of Her Country*）的采访中，林徽因曾说："我与父亲一同遍游欧洲。在此期间，我开始萌发了学建筑的念头。现代西方经典杰作的辉煌激发了我，令我燃起了将其带回祖国的愿望。我们需要学习很好的建造理论，使得建筑能够矗立数世。"[1]

然而在当时，林徽因的认知并非是大多数其他留学生开始学习西方建筑的初始动机，例如杨廷宝在其回忆中曾提到，"我看到建筑学是雕刻、绘画、艺术和多门科学技术综合科学，涉及知识非常广泛，能满足我多方面的兴趣，因此我选择了建筑的专业"[2]。陈植、童寯在其回忆中，曾经提到选择建筑的原因，或者在于"建筑因属自由职业，可以自生"[3]，或则"靠技术吃饭，尽量不问政治。'自由职业'可以比较'清高'"[4]。

---

1 剪报，存于宾大档案馆。
2 东南大学建筑研究所编. 杨廷宝建筑言论选集 [M]. 北京：学术书刊出版社，1989.
3 赖德霖. 中国近代思想史与建筑史学史 [M]. 北京：中国建筑工业出版社，2016：135.
4 童寯在"文革"时期交代。

无论来自何种地域,无论基于何种背景,相同的时间背景以及相同的教育历程使他们走到了一起,在宾大这个紧凑而亲密的环境中,在"建筑"这个陌生而新颖的领域里,他们结成了一个紧密无间的建筑师群体。

尽管放置到更为宏观的层面上,他们并非中国最早一批出国学习的建筑师,但是他们是在接受西方教育后,较早拥有强烈民族主义意识的一群建筑师。在首次获得设计竞赛奖项之后,朱彬在感言中曾说:"随着西方科学越来越多地被引入中国,再加上中国的思想及其展现,将会使得中国建筑更加卓越。"[1]

林徽因:"在中国有一场运动,既不是冲击,也不是颠覆,向中国的学生和大众展现西方在艺术、文学、音乐和戏剧等领域的成就,但不是取代我们自身的艺术!绝不。我们必须学习各类艺术的基本原理,从而将其直接应用于我们的设计作品中。我们希望所学习能够耐久的建造方法。"[2]

如何建立现代意义的中国建筑学科与建筑职业体系,如何采用现代知识体系来梳理中国营造这一古老议题,是第一代中国建筑师和建筑学者所面临的时代命题与历史使命,毕业于宾夕法尼亚大学的中国建筑学人在其中发挥了奠基性的作用。

"毕业于宾大的第一代中国建筑师"的议题本身,就意味着两种差异性文化之间的碰撞。正是在逐渐走向现代化的进程中,关于传统文化的意识在觉醒;正是在一种融入世界的背景中,关于民族主义的概念才得以树立。

如何从封闭走向开放,如何从传统走向现代,预示着中国建筑开始与国际潮流的接轨与融入,因此对于中国近代建筑史而言,这一块"基石"除了起点的含义之外,更重要的也意味着一种衔接。这不是一个封闭性的话题,因为他们所做出的开创性的工作,既不必视为一种断然的革新,也不宜视为一种既往的史迹,它们始终在延续着。对于当下的中国建筑而言,他们当时所面对的议题,今天依然成立,值得进一步梳理。

在这一视角下,"基石展"的含义就不完全在于展览本身,展览限于时间与空间,许多资料

---

[1]《托皮卡每日首府报》剪报,宾大档案馆收藏。
[2] 剪报,存于宾大档案馆。

Gazette-Billings, Montana, Jan. 17, 1922.

CHINESE GIRL DEDICATES SELF TO SAVE ART OF HER COUNTRY

Phillys Lin Studying in an American College to Combat Bogus Architecture Now Destroying Beauty of Orient.

Dutch bricklayers and English plumbers are spoiling the cities of China, according to Miss Phillys Lin, a student in the school of fine arts, University of Pennsylvania, studying architecture in this country, as one of the scholarship holders under an indemnity fund created during the settlement of the Boxer rebellion, says the Philadelphia Public Ledger.

"When I go home to Peking," said Miss Lin, "I will carry back to my country the message of a true meeting of east and west. Because there never have been any Chinese architects, swindling foreigners find it easy to pose as masters of all the very latest in building methods and are filling the cities with ludicrous yet horrible specimens of what they call new-fashioned houses.

"Picture this." She leaned back to observe the effect of her words. "A Chinese house, a classic pillar nailed on here and there; French windows, an American colonial doorway and a multitude of unnecessary English, German, Italian and Spanish details of ornament. Now you have an idea of the desecration of oriental art that is even rousing Confucius from his honored ancestors.

"We are distressed to see our native and peculiarly original art being exploited through the wild craze for 'keeping up with the world.'"

Leader of Modernists.

The daughter of C. M. Lin, representative for the league of nations in China, also the greatest calligraphologist of the country, was taking the responsibility of a nation upon her slender shoulders.

"Calligraphy," she continued, her sharp, black eyes twinkling with amusement, "is a form of art in China. We study penmanship just as you do painting, and we have our artists in calligraphy whose signatures we treasure as masterpieces. Connoisseurs come from all parts of the land for a few words written by my father to place in their collection and among their most valuable books."

Only 19 is this little Chinese aristocrat who would reconcile the old and the new, yet her career has been one that a matron of middle age might envy. She was the first woman in China to act in a play with men taking parts at the same time. She had been a leader in the group of educated modernists that is directing the trend of Chinese thought today.

"There is a movement—not bandits, not rebellion—to show to the students and people of China, western attainments in art, in literature, in music, in drama. But not to take the place of our own! Never. We must learn the fundamental principles of all art only in order to apply them to designs distinctly ours. We want to study methods of construction that mean permanency. My father heads this movement."

She sat on a high stool by the window overlooking a campus walk, perched in front of a desk in the drafting room, a small figure to be bent over a massive architectural problem, which when hung in the judgment hall with 30 to 40 others, will receive a high award. This is not a rash prediction; her work always has received the highest grades, or, occasionally, second. Quiet, but with a sense of humor, unassuming, personal achievements did not once enter her conversation.

Wanted to Be an Architect.

Fritz Kreisler has been a guest in her home. As interpreter between young China and the west, Miss Lin has been hostess to the world-famous men invited to the east by Liang-Chih-Choa through the Lecture association in Peking, mouthpiece of the "movement." Rabindranath Tagore, Dr. John Dewey and Bertrand Russell are among those who have already responded to the call and have given lectures in China.

"I traveled all through Europe with my father. During my travels I dreamed for the first time of studying architecture. The splendor of the classics of the modern west inspired me, filled me with desire to carry some back to my country. We need the theories of sound construction which enable your buildings to stand for centuries."

"And then I went to school in England. The English girls don't become friendly right away like Americans. Their conventions seem to make them unnaturally reserved."

"What do you think of American girls? Flappers."

Soft laughter replied. A dimple appeared on her cheek, smooth and delicately tinted. Her thin blue-black brows rose toward her dusky hair, bobbed in strict collegiate fashion.

"At first my aunts were not going to let me come to America. They dreaded these 'flappers' and they were afraid that I might become influenced and start 'flappering' too. I have to admit that in the beginning I thought them very silly, but now I think that when you get beneath the top layer you will find them the best companions in the world.

"In China a girl is worth only as much as her family stands for. Here there is a spirit of democracy that I admire."

中国女孩致力拯救祖国艺术

就读于美国大学的中国姑娘林徽因，与那些正在毁坏东方之美的虚假建筑作战。

根据《费城公共纪事报》（Philadelphia Public Ledger）报道，就读于美国宾夕法尼亚美术学院的中国留学生林徽因认为，荷兰的砌砖匠和英国的水管工正在毁掉中国的城市。林徽因是一位"庚子赔款"公费留学生。

林徽因说："我回到北平后，我将会为我的祖国带去真正的东西方交流。因为中国从未有过真正的建筑师，有机可乘的外国人就觉得装扮一下，就可很容易'摇身一变'为掌握最新方法的建筑设计大师，在城市里设计了'所谓的'新时尚建筑，实则是滑稽而可怕的样本。"

"想象一下"，林徽因向后靠了一下，以便观察她的话达到了哪些效果，"中式住宅中布满了传统的柱式；法式长窗、殖民时期风格的美式大门以及英式、德式、意大利式、西班牙式的冗余细节装饰。现在你会感到这一对于东方艺术的亵渎甚至都惊动了古远的孔子"。

"看到这些本国独有的原创艺术正在'紧随世界潮流'这一狂潮中遭到蹂躏，这令我们感到痛心。"

现代主义的弄潮儿

林徽因的父亲林长民是国联驻中国的代表，也是中国最杰出的书法家，而她自己则正用纤弱的肩膀担负起国家的责任。

她继续说道，锐利的黑眼睛俏皮地眨动着："书法在中国是一门艺术，我们练习书法就像你们练习绘画一样，我们也有自己的书法艺术家，他们的签名同样被视若珍宝。来自各地的书法鉴赏家们请求我父亲在他们的作品和最贵重的书籍上签名。"

这位年轻的中国精英年仅19岁，却能够融合新事物与旧事物，她的职业生涯则是中年女性所羡慕不已的。她是第一位与男子同台竞技的中国女性，也是受过良好教育的革新派中的领军人物，而他们正在引领当今中国的潮流趋势。

"在中国有一场运动，既不是冲击，也不是颠覆，向中国的学生和大众展现西方在艺术、文学、音乐和戏剧等领域的成就，但是不是取代我们自身的艺术！绝不。我们必须学习各类艺术的基本原理，从而将其直接应用于我们的设计作品中。我们希望学习能够耐久的建造方法。我的父亲领导了这场运动。"

她坐在一个临窗的高凳上，俯瞰着校园中的一条步道，斜倚在绘图室的一张制图前，以娇小身躯去思考一个宏大的建筑课题，当这一作业与其他三四十幅作业一同挂在评图大厅时，将会获得最高评分。这并不是一个草率的预测，她的作业总是能获得最好的成绩，只有偶尔才落到第二。她很恬静，但不乏幽默，也很谦逊，自始至终没有提及自己所取得的成就。

希望成为一名建筑师

弗里茨·克莱斯勒(Fritz Kreisler，美籍奥地利小提琴家)曾去她家作客。林徽因作为年轻的中国与西方之间的翻译，曾经陪伴这位世界名人出席由梁启超在北京所组织的演讲社，也就是这场"运动"的代言人。泰戈尔（Rabindranath Tagore）、杜威博士（Dr. John Dewey）、伯特兰·罗素（Bertrand Russell）都曾积极响应，并在中国发表演讲。

"我与父亲一同遍游欧洲。在此期间，我开始萌发了学建筑的念头。现代西方经典杰作的辉煌激发了我，令我燃起了将其带回祖国的愿望。我们需要学习很好的建造理论，使得建筑能够矗立数世。

之后，我前往英国留学。与美国的姑娘不同，英国姑娘刚开始时不太容易亲近。她们的习俗使之看起来有点不够自然的保守。"

"那你怎么看美国的姑娘？轻佻。"

伴随着涟漪般的微笑，她脸上浮现出淡淡的、浅浅的酒窝，她上扬的细长蓝黑色眉毛几乎碰到了乌黑的学院范的鲍伯头。

"起先，我的姑妈们并不希望我去美国，她们不喜欢这些"轻佻"的女孩，害怕我受其影响也变得'轻佻'。我承认，刚开始时我觉得美国女孩很大大咧咧，但现在我觉得当和她们打成一片时，你就会发现，其实这些美国女孩是世界上最好的伙伴。

在中国，一个姑娘的价值因其家庭背景而定。而这里有我所欣赏的民主精神。"

资料来源：宾夕法尼亚大学校档案馆（University Archives, University of Pennsylvania）

信息仍然有待于进一步的发掘和呈现。由此而言,"基石展"的目的既是回溯性的,又是前瞻性的;既是历史性的呈现,也是理论性的解读;既是社会性的传播,也是专业性的梳理。其目标就是在各种断缝之间试图进行缝合,在宏观视角到微观内容之间,在专业内涵与时代背景之间,将毕业于宾大的第一代建筑师与更大范畴的社会群体融合在一起,以便拼合更具整体性的学术视角。这一愿景更为重大。

参考文献

[1] 王俊雄，吴光庭. 中国早期留美建筑师在美教育过程之研究——以宾州大学毕业生为例[Z]. 台湾"国科会"专题研究，NSC88-2411-H-032-009，1999.

[2] Jeffrey W. Cody, Nancy S Steinhardt, Tony Atkin, ed. Chinese Architecture and The Beaux Arts[M]. Honolulu：University of Hawaii Press，2011.

[3] 赵辰，伍江. 中国近代建筑学术思想研究[M]. 北京：中国建筑工业出版社，2003.

[4] 赖德霖. 中国近代思想史与建筑史学史[M]. 北京：中国建筑工业出版社，2016.

[5] 赖德霖. 中国近代建筑史研究[M]. 北京：清华大学出版社，2007.

[6] 陈植. 学贯中西，业绩共辉——忆杨老仁辉、童老伯潜[M]//《建筑师》编辑部编. 逝去的声音. 北京：中国建筑工业出版社，2017.

[7] 东南大学建筑研究所编. 杨廷宝建筑言论选集[M]. 北京：学术书刊出版社，1989.

[8] 林少宏. 毕业于宾夕法尼亚大学的中国第一代建筑师[D]. 上海：同济大学，2000.

[9] 王贵祥. 建筑学专业早期中国留美生与宾夕法尼亚大学建筑教育[J]. 建筑史，2003（2）：218-238+26.

[10] 赵辰. 关于"土木营造"之"现代性"的思考[J]. 建筑师，2012（4）：17-22.

学业
建基

留学于宾大的第一代中国建筑师

中国近现代的建筑科学及其实践,肇始于洋务运动后期清政府派遣学生出洋留学。20世纪初期,中国赴海外求学现代建筑的留学生已经多达百余人,他们的足迹遍布英国、德国、法国、奥地利、意大利、比利时、美国以及日本等国。这些留学生多经层层选拔,且天资聪颖、勤奋好学,因而很快成为众多海外留学生中的佼佼者,其中有部分继续完成了硕士课程的学习。

在这其中,曾经留学于美国费城宾夕法尼亚大学的第一代中国建筑留学生是最为闪亮杰出的一个群体。在1910—1930年期间,宾夕法尼亚大学美术学院的建筑教育体系日臻成熟,堪为鼎盛,引领全美。与此同时,前来求学的中国留学生也人数众多,从1918—1935年间,共计有20余人,杨廷宝、梁思成、童寯、范文照等即是其中最为突出的典范。

王华彬赴美留学护照
资料来源:王华彬家属

"中国留学生到来之前的宾大艺术学院",宾夕法尼亚大学学院楼建筑绘图教室,1915 年 3 月
资料来源:宾夕法尼亚大学校档案馆(University Archives,University of Pennsylvania)

1923 届的清华学校学生赴美途中。前排左八：陈植

在这届学生中，有著名教育家顾毓琇、天文学家张钰哲、植物细胞遗传学家李先闻、真菌学家邓叔群、社会学家吴景超、人类学吴文藻、文学家梁实秋、哲学史家全增嘏、农机工程学家蹇先达、哲学家吴士栋、抗战英雄孙立人将军等。另外应当包括梁思成，但他由于突遇车祸未能按时同行，推迟一年前往宾大留学

资料来源：陈植家属

| | 1918 | 1920 | 1922 | 1924 |

1896—1971，朱彬 | Chu Pin
清华学校 | Tsinghua College
1918.09.21 ━━━━━━━━━━ 1922.06.14　建筑学士 | B. Arch
1923.06.20
建筑硕士 | M. Arch

1893—1979，范文照 | Fan Lent Robert
上海圣约翰大学 | St. John's University, Shanghai
1919.10.15 ━━━━━━━━━ 1922.02.21　回国 | Returned to China
建筑学士 | B. Arch

1898—1978，赵深 | Chao Shen
清华学校 | Tsinghua College
1921.09.21 ━━━━━━ 1923.02.12
建筑学士 | B. S. in Arch
1923.06.20
建筑硕士 | M. Arch

1901—1982，杨廷宝 | Yang Ting-Pao
清华学校 | Tsinghua College
1921.09.26 ━━━━━━━━━━ 1924.02

1901—1922，方来 | Fang Poland Lai
纽约大学 | New York University
1922.01.31 ━━ 1922.10.11　早逝 | Deceased

1902—2002，陈植 | Chen Benjamin Chih
清华学校 | Tsinghua College
1923.09.25

1902—1979，李扬安 | Lee Young-On
岭南学堂 | Canton Christian College
1923.10.25

1900—1955，卢树森 | Loo Shu-Shung Francis
乔治·华盛顿大学 | George Washington University
1923.09.04

1903—1945，黄耀伟 | Wong Yau-Wai
复旦公学中学部 | Fuh Tan College, Middle School Dept.
1923.09.18

1901—1972，梁思成 | Liang Shih-Cheng
清华学校 | Tsinghua College
1924.09

1904—1955，林徽因 | Lin Phyllis Whei-Yin
北京培华女中 | St. Mary's Collegiate School
1924.10.01

1903—1996，谭垣 | Whynne Harry Tam
上海西童公学 | Shanghai Public School
1924.09.29

1906—?，梁宝和 | Liang Thomas Pao-Ho
菲利普·艾斯特中学 | The Phillips Exeter Academy
1924.09.18

| 1928 | 1930 | 1931 | 1932 |

回国 | Returned to China

在费城、迈阿密建筑事务所短期工作后回国 | Returned to China after a short stint in Miami and Philadelphia Architecture firms

学士 | B. Arch
02.19　建筑硕士 | M. Arch　　回国 | Returned to China

1927.02.12　建筑学士 | B. Arch
　　　　　　1928.06.20　建筑硕士 | M. Arch　　回国 | Returned to China

1927.06.15　建筑学士 | B. Arch
　　　　　　1928.06.20　建筑硕士 | M. Arch　　回国 | Returned to China

弃学 | Withdrew　　回国 | Returned to China

1930.02.15　建筑学士 | B. Arch　　回国 | Returned to China

1927.02.12　建筑学士 | B. Arch
　　1927.06.15　赴哈佛大学 | To Harvard University　　回国 | Returned to China

1927.02.12 美术学士 | B.F.A　　赴耶鲁大学 | To Yale University　　回国 | Returned to China

1929.06.19　建筑学士 | B.Arch
　　　　　　1930.06.18　建筑硕士 | M. Arch　　回国 | Returned to China

弃学 | Withdrew

```
        1920        1922        1924        1926
```

1900—1983，童寯 | Tung Chuin
清华学校 | Tsinghua College
1925.09.17

1901—1943，吴景奇 | Wu K. Chauncey
岭南学堂 | Canton Christian College
1925.09.22

1902—1988，孙熙明 | Sun Shi-Min
北京师范学校 | Peking Teacher College
1926.01.06

1905—1960，过元熙 | Kuo Yuan His
清华学校 | Tsinghua College
1926.09.21

1908—2000，梁衍 | Liang Yen
北京汇文中学 | Peking Academy

1907—1988，哈雄文 | Ha Harris Wayne
清华学校，约翰·霍普金斯大学 | Tsinghua College, Johns Hopkins University

1911—1988，王华彬 | Wang Huapin Pearson
清华学校 | Tsinghua College

1911—1988，萨本远 | Sah Benn Yuan
清华学校 | Tsinghua College

1913—?，Chang Hang Tsong
上海圣约翰大学 | St.John's University, Shanghai

1911—?，Zoo Yih-Yi
上海交通大学 | Chieo-Tung University, Shanghai

1917—?，Loh Cheng Shan
上海中学 | Shanghai High School

留学于宾大的第一代中国建筑师

| 28 | 1930 | 1931 | 1932 | 1934 | 1936 |

1928.02.18　建筑学士 | B. Arch
　　1928.06.20　建筑硕士 | M. Arch　　回国 | Back to China

　　　　　　　1930.06.18　建筑学士 | B.Arch
　　　　　　　　　1931.06.17　建筑硕士 | M. Arch　　回国 | Back to China

弃学 | Withdrew　　回国 | Back to China

　　　　　1929.06.19　建筑学士 | B. Arch　　回国 | Back to China
　　　　　1929.06　赴麻省理工学院 | To MIT

28.09.15　　　1929.06—　转学耶鲁大学 | To Yale Univerisity　　回国 | Back to China

28.10.02　　　　　　　　　　　　　　　　　　1932.02　建筑学士 | B. Arch　美术学士 | B.F.A
　　　　　　　　　　　　　　　　　　　　　　1932—　建筑硕士 | M. Arch　回国 | Back to China

08.27　　　　　　　　　　　　　　　　　　　1932.02.20—　建筑学士 | B. Arch　回国 | Back to China

　　　1929.09.18　　　1930.06.17　转学麻省理工学院 | Transfer to MIT　　回国 | Back to China

　　　　　1930.09.22　　　　　　　　　　　　　　　1934.09.22
　　　　　　　　　　　　　　　　　　　　　　　　　赴麻省理工学院 | To MIT

　　　　　　　　　　　　　　　　　　　　　　1935.09
　　　　　　　　　　　　　　　　　　　　　　　1938.09.20
　　　　　　　　　　　　　　　　　　　　　　　退学

　　　　　　　　　　　　　　　　　　　　　　1935.10.05
　　　　　　　　　　　　　　　　　　　　　　　建筑学士 | B. Arch
　　　　　　　　　　　　　　　　　　　　　　　1941.06.11

	姓名 生平时间 籍贯 / 出生地	入学时间 （年 / 月 / 日）	获得学士 及硕士学位 时间 （年 / 月 / 日）	教育背景 （年份）	毕业主要去向
1	朱彬 Chu Pin 1896/12/24 —1971/08/20 广东 / 广州	1918/09/21	1922/06/14 B. Arch 1923/06/20 M. Arch	清华学校 （1918）	基泰工程司
2	范文照 Lent, Robert Fan 1893/10/04 —1979/01/12 广东 / 上海	1919/10/15	1922/02/21 B. Arch	上海圣约翰大学 （1917）	范文照建筑师事务所
3	赵深 Chao, Shen 1898/08/15 —1978/10/16 江苏 / 无锡	1921/09/21	1923/02/12 B. S. in Arch 1923/06/20 M. Arch	清华学校 （1919）	华盖建筑师事务所； 上海华东建筑设计院
4	杨廷宝 Yang, Ting Pao 1901/10/02 —1982/12/23 河南 / 南阳	1921/09/26	1924/02/16 B. Arch （with honor） 1925/02/19 M. Arch	清华学校 （1921）	基泰工程司； 中央大学； 南京工学院
5	方来 Fang Lai 1900—1922 江苏 / 常州	1922/01/31	1922/10/11 病逝	清华学校； 纽约大学 （New York University）	
6	陈植 Chen, Benjamin C. 1902/11/16 —2002/03/20 浙江 / 杭州	1923/09/25	1927/02/12 B. Arch 1928/06/20 M. Arch	清华学校 （1923）	华盖建筑师事务所； 上海民用建筑设计院
7	李扬安 Lee, Young On 1902/08/26 —1979 广东 / 纽约	1923/10/25	1927/06/15 B. Arch 1928/06/20 M. Arch	广东基督教学校 （Canton Christian College）	李锦沛建筑师事务所； 李扬安建筑师事务所

	姓名 生平时间 籍贯/出生地	入学时间 （年/月/日）	获得学士及硕士学位时间 （年/月/日）	教育背景 （年份）	毕业主要去向
8	卢树森 Loo, Shu-Shung, Francis 1900/09/22 —1955 浙江/上海	1923/09/04	1926 年肄业		中央大学； 永宁建筑师事务所； 华东建筑设计公司
9	黄耀伟 Wong, YauWai 1903/07/22—1945 广东/Xicotencatl, Tampalipas Province, Mexico	1923/09/18	1930/02/15 B. Arch	Fuh Tan Middle School Dept.	庄俊建筑师事务所； 谭垣、黄耀伟建筑师事务所 （墨西哥华侨）
10	梁思成 Liang, Shih-Cheng 1901/04/20 —1972/01/09 广东/东京	1924/09/23	1927/02/12 B. Arch 1927/06/15 M. Arch	清华学校 （1915—1923）	东北大学； 中国营造学社； 清华大学
11	林徽因 Lin, Phyllis Whei-Yin 1904/06/10 —1955/04/01 福建/杭州	1924/10/01	1927/02/12 B. F. A	北平培华女中； St. Mary's Collegiate School, London（1921）	中国营造学社； 清华大学
12	梁宝和 Liang, Thomas Pao-Ho 1906/12/24 —1996 美国/Springfield	1924/09/18	1925 年弃学	美国斯普林费尔德； 菲利普埃克塞特学校 （The Phillips Exeter Academy, Springfield Mass）	
13	谭垣 Whynne, Harry Murray（or Tam） 1903/07/21 —1996/04/09 广东/上海	1924/09/29	1929/06/19 B. Arch 1930/06/18 M. Arch	上海西童中学 （Shanghai Public School）	范文照建筑师事务所； 中央大学； 谭垣、黄耀伟建筑师事务所； 同济大学

	姓名 生平时间 籍贯/出生地	入学时间 （年/月/日）	获得学士及硕士学位时间 （年/月/日）	教育背景 （年份）	毕业主要去向
14	童寯 Tung, Chuin 1900/10/02 —1983/03/28 辽宁/沈阳	1925/09/17	1928/02/18 B. Arch 1928/06/20 M. Arch	清华学校 （1921—1925）	华盖建筑师事务所； 中央大学； 南京工学院
15	吴景奇 Wu, Chauncey King 1901/01/11 —1943 广东	1925/09/22	1930/06/18 B. Arch 1931/06/17 M. Arch	广东基督教学校	上海中国银行建筑师
16	孙熙明 Suen, Shi Min 1902/09/01 江苏/无锡	1926/01/06	未毕业	北京师范学校 （Peking Teacher College）	
17	过元熙 Kuo, Yuan Hsi 1905/05/17 —1960？ 江苏/无锡	1926/09/21	1929/06/19 B. Arch	清华学校	耶鲁大学； 香港王宽诚公司建筑师
18	Wah, Wong Chung —/PiedrasNegras, Coahuila Province, Mexico	1927/09/26	1929年退学 1933 B. F. A	墨西哥鹰翔学校 （Mexico, Eagle Pass HS.）	
19	梁衍 Liang, Yen 1908 —2000/12/27 广东/东京	1928/09/15	1929/06 转学耶鲁大学	北京汇文中学 （Peking Academy）； 清华学校	基泰工程司； 联合国总部规划处； 哈里森和阿伯拉莫事务所
20	王华彬 Wang, Haupin Pearson 1907/11/11 —1988/08/22 福建/福州	1928/08/27	1932/02/20 B. Arch	清华学校	董大酉建筑师事务所； 沪江大学； 之江大学； 王华彬建筑师事务所； 华东建筑设计院； 北京工业建筑设计院； 中国建筑技术发展中心

	姓名 生平时间 籍贯/出生地	入学时间 （年/月/日）	获得学士 及硕士学位 时间 （年/月/日）	教育背景 （年份）	毕业主要去向
21	哈雄文 Ha, Harris Wen (or Wayne) or Hsiung Wen 1907/12/05 —1981/09/13 湖北/北平	1928/10/02	1932/02/20 B. Arch, B. F. A	清华学校	内政部营建司； 董大酉建筑师事务所； 沪江大学； 同济大学； 哈尔滨工业大学
22	萨本远 Sah, Benn Yuan 1911/08/15—? 山东/青岛	1929/09/18	1930/06/17， 转学 MIT	清华学校	基泰工程司； 京赣铁路帮工程司
23	Chang Hang Tsong 1913—? 上海	1932/09/08	1934/09/22 转学 MIT?	上海圣约翰大学	
24	Zoo, Yih-Yi 1911/08/08 上海	1935/09	1938/09/20 弃学 Withdrew	Kwang Hia Sr. Middle School, Shanghai	未毕业
25	Loh Cheng Shan 1917—?	1935/10/05	1941/06/11 建筑学士 I B. Arch	上海中学	

注：B. Arch　建筑学学士
　　M. Arch　建筑学硕士
　　B. F. A　美术学学士

1925届清华学校留美学生抵达西雅图

经火车站前往北美各地开始留学。在这届学生中，除了童寯外，还有科普作家高士其、植物生理学家汤佩松、土木建筑结构专家蔡方荫、航空学家王士倬、历史学家王造时、政治学家彭文应、文学家孙大雨、水利学家张任、给排水专家刘莇祺、植物分类学家裴鉴、抗日英雄贾幼慧将军，等等

资料来源：童寯家属

1 朱彬
CHU Pin
1896—1971

1896	12月24日，出生于广东南海
1914	进入清华学校。1914—1918期间，担任《清华年报》图画编辑
1915	以智育"绘造图样"获清华学校金牌一枚
1918	从清华学校毕业
1918—1923	进入宾大建筑系学习。 作为宾大建筑的第一批中国学生，曾获得美国建筑师协会奖和亚瑟·斯佩德·布鲁克纪念奖银奖；担任费城中国学生会主席，并被选为费城丁字尺俱乐部会员
1923	获建筑硕士学位；毕业后回国，先后担任天津警察厅工程顾问、天津特别一区工程师、天津特别二区工程科主任
1924	加入关颂声1920年成立的建筑事务所，在基泰工程司任建筑工程师
1925	设计北京大陆银行大楼
1926	主持设计天津南开大学图书馆及其他建筑
1928	主持设计天津中原公司大楼
1932	在北平市工务局登记技师经济部登记；在重庆市工务建筑技师登记；经董大酉、巫振英介绍加入中国建筑师学会；中国建筑师学会基金及会所委员会主任；北平市工务局登记技师
1933	主持设计上海大陆银行大楼、南京中央医院
1935	天津市工务局建筑技师登记；重庆市工务局建筑技师登记
1935	主持设计上海大新百货公司建成大楼。该项目功能复杂，占地面积大，朱彬在设计中高效地解决了这两方面问题
1936	主持设计上海中山医院建筑
1938	主持设计重庆中央银行大楼
1940—1941	主持设计上海新恩堂教堂（the Free Christian Church）
1947—1948	主持设计南京新站
1949	迁居香港，香港建筑师注册登记，主持（香港）基泰工程司。负责项目

	中环万宜大厦、中环德成大厦、陆海通大厦、美丽华酒店、先施保险大厦、香港宣教会恩磐堂、旺角邵氏大厦、九龙塘牛津道英华书院等
1950	中国建筑师学会登记会员
1956	香港建筑师学会登记会员
1971	8月20日于香港去世

2　范文照
Lent Robert FAN
1893—1979

1893	10月3日出生于上海，籍贯为广东顺德
1917	毕业于圣约翰大学，通过考试，获得庚子赔款奖学金，计划前往美国继续深造建筑，但因祖母反对未能成行
1917—1918	任圣约翰大学土木工程系测量助理教授
1919	进入宾大建筑系学习。求学期间，曾在 John T. Windrim（1920年）、Day & Klauder 以及 Ch. F. Durang & Sons（1922年）等美国建筑设计事务所工作
1921	宾夕法尼亚州及费城建筑学会会员
1922	获宾大美术学院建筑学士学位；毕业后归国，任上海允元公司（Lam Glines & Company）建筑部工程师，后任主任。同时任教于上海圣约翰大学土木工程系
1924	与萧宝莲女士结婚
1925	参加南京中山陵设计竞赛，方案获第二名
1926	参加广州中山纪念堂方案竞赛，获第三奖
1927	于北京路51号设置办事处，专营建筑计划、美术装修以及地产事务。同年成立范文照建筑师事务所（甲等开业证）；与赵深合作设计南京大戏院（上海音乐厅）；设计北京大戏院改造项目（丽都大戏院），以及南京国民政府行政院。10月，范文照与张光圻、吕彦直、庄俊、巫振英等发起组织成立上海建筑师学会，后改名为中国建筑师学会
1928	与李锦沛、赵深合作设计上海八仙桥青年会大楼；与赵深合作设计南京铁道部大楼；担任上海市工务局征求市内出租房屋标准图样评审；受聘为中山陵陵园计划专门委员

1929	任南京首都设计委员会评议员；设计南京励志社总社、华侨招待所等；设计用直保圣寺古物馆；设计圣约翰大学交谊楼，完成上海交大校园规划及建筑设计；被选为上海联青社第一副社长
1930	获南京中山纪念塔设计方案竞赛奖；担任上海联青社社长，上海扶轮社社员
1931	设计南京卫生设施实验处新屋
1932	担任上海市锦兴地产公司的兼职顾问建筑师，并兼任上海私立沪江大学商学院建筑科教师；上海市工务局技师开业登记（建筑）；担任南京中山陵园顾问、国民政府铁道部技术专员、全国道路协会名誉顾问
1933	获广东省政府公署设计方案竞赛首奖；任（上海）锦兴地产公司兼职顾问建筑师；设计上海中华麻疯疗养院；设计上海中央银行银库
1934	设计纯"国际式"的协发公寓；与林朋出版《西班牙式住宅图案》；加入上海留美俱乐部（American University Club of Shanghai）
1935	代表国民政府出席伦敦第十四次国际城市房屋设计会议及罗马国际建筑师大会；担任宾大同学会会长
1936	参加南京中央大学新校园设计竞赛，获三等奖；设计广州中华书局
1937	设计上海清心中学蟾芬堂
1938	香港注册建筑师
1941	设计建成上海美琪大戏院
1946	担任（上海）抗战胜利门设计竞赛评委
1949	离开上海，在香港注册事务所，完成大量作品。其中重要的作品有：香港中文大学崇基学院的校园、香港纺织有限公司、北角卫理堂等
1950	中国建筑师学会登记会员、监事
1953	设计香港豪华剧院（Hoover Theater），这是一个12层有住宿、商业功能的综合体
1954	范文照、朱彬和费尔特姆（T. S. C. Feitham）向香港崇基学院校董事会提交设计草案，被校董会选为新校园建筑师。1957年，第一期工程完成
1956	香港建筑师学会登记会员
1960	设计香港北角卫理堂
1964	设计香港银都戏院（Silver Theater）
1979	1月12日于香港去世。主要著作有《参观美展建筑部之感想》《中国建筑师学会缘起》《中国的建筑》《建筑师应有之认识》等

3 赵深

CHAO Shen
字渊如，号保寅
1898—1978

1898	8 月 15 日出生于无锡
1905	7 岁时父亲离世。先入无锡城北小学，后入东林学堂
1911	报考清华学校并顺利考取，年仅 13 岁
1915	以德育获清华学校"铜墨盒奖"
1919	从清华学校毕业
1921	由清华学校官费派赴美国，进入宾大建筑系学习。在学习期间，依靠学校助学金完成本科课程
1923	本科毕业，开始攻读研究生课程； 获得硕士学位；研究生阶段在美国纽约实习；毕业后在费城台克劳特事务所、迈阿密菲尼斐斯等地建筑事务所工作
1925	作为唯一一位来自境外的中国参赛者，参加南京中山陵设计竞赛，获名誉奖第二名
1927	与杨廷宝结伴前往英、德、法、意游学，然后回国； 在上海青年会建筑处任建筑师。后与李锦沛、范文照合作设计上海八仙桥青年会大楼；经范文照、庄俊介绍加入上海建筑师学会；加入范文照建筑师事务所，任建筑师，主持设计了上海南京大戏院（现上海音乐厅）、杭州老西泠饭店等建筑
1930	与孙熙明合作，获上海特别市市政府新屋图案竞赛一等奖；与范文照合作，获南京中山纪念塔（未实现）图案竞赛第二奖（即首奖）；设计上海大沪旅馆、西海大戏院；开始脱离范文照，自办赵深建筑师事务所
1931	受南京总理陵园管理委员会聘请，设计中山陵行健亭。与陈植合组"赵深、陈植建筑师事务所"；实业部技师登记；1931—1934 年担任中国营造学社参校
1932	与陈植、童寯合作创办华盖建筑事务所；任中国建筑师学会会长；上海市工务局技师开业登记
1933	上海市建筑技师公会会员
1935	中国营造学社社员；参加南京国民会议场建筑设计竞赛，获第三奖
1936	中国建筑展览会常务委员、征集组副主任；中国建筑师学会重庆分会会员
1938	赴昆明设立华盖建筑昆明分所。抗战期间常驻昆明，主持华盖分部工作

1941	担任中山大学建筑工程系教授
1945	返回上海
1946	中华营建研究会编辑委员会名誉编辑
1948	上海清华同学会基金委员会 / 会所委员会会员
1950	中国建筑师学会登记会员、理事；1950—1952 年在之江大学建筑系任教
1951	1950—1952 年，华盖事务所与其他五家事务所联合成立（上海）联合顾问建筑师工程师事务所，担任建筑师及事务所主任。参加北京人民英雄纪念碑设计讨论会
1952—1953	上海华东建筑设计公司总工程师，兼总体设计室主任
1953—1955	任建设工程部中央设计院总工程师，兼民用设计室主任工程师
1955	1955—1978 年，任华东工业建筑设计院（华东建筑设计院原名）总建筑师，后任副院长兼总建筑师
1958	1958—1962 年，任上海市基本建设委员会委员和全国第四、五届政协委员。中国建筑学会第二—四届副理事长。主要参与作品有上海虹桥国际机场、上海电信大楼、上海火车站、上海嘉定一条街等。主持并指导了泉州华侨大学、震后唐山的河北小区规划等工程设计
1978	10 月 16 日，逝世于上海

4 杨廷宝
Ting-Pao YANG
字仁辉
1901—1982

1901	10 月 2 日出生于河南南阳
1907	6 岁时开始上私塾，因身体发育迟滞而退学，留在家中养身强体、临摹书画
1912—1915	河南留学欧美预备学校（现河南大学）英文科
1915	考入清华学校，逐渐开始显现在美术方面的天赋，对铅笔画、炭画以及后来对水彩画，均饶有兴趣

1921	由清华学校官费派赴美国，进入宾大建筑系学习
1924	曾先后获得全美建筑系学生设计竞赛艾默生奖一等奖和美国城市艺术协会设计竞赛一等奖； 获建筑学学士学位
1925	获建筑硕士学位；进入保罗·克瑞事务所实习工作
1926	离美赴欧洲考察建筑
1927	回到中国，加入基泰工程司
1928	主持设计京奉铁路沈阳总站、天津基泰大楼、天津中国银行货栈
1929	主持设计沈阳东北大学、东北大学图书馆、东北大学文法科课堂楼
1930	主持设计东北大学化学馆、东北大学体育场、国立清华大学总体规划、清华大学生物馆、清华大学气象台、清华大学图书馆扩建工程等
1931	主持设计南京中央体育场、田径场、游泳池、篮球场、国术场、棒球场，南京紫金山天文台，南京中央医院，南京原国民党政府外交部办公大楼方案，南京中央研院地质研究所
1932	主持设计南京中山陵园音乐台
1933	主持设计南京国立中央大学图书馆扩建工程等
1934	主持设计南京管理中英庚款办公楼、南京原国民党中央党史史料陈列馆及中央监察委员会办公楼、南京大华戏院
1935—1936	受聘于北平文物管理委员会，参加和主持古建筑的修缮工作。北京古建筑修缮工程，如天坛圜丘坛、天坛祈年殿、北京城东南角楼、西直门箭楼、国子监辟雍等
1936	参与四川大学的规划与设计，设计成都四川大学图书馆、四川大学学生宿舍；设计南京金陵大学图书馆、南京中央研究院历史语言研究所等
1937	设计南京寄梅堂方案
1938—1939	前往重庆地区负责项目，设计重庆嘉陵新村国际联欢社、成都刘湘墓园、重庆美丰银行等
1940	受刘敦桢之聘兼任西迁至重庆的中央大学建筑系教授
1941	设计重庆原国民党政府门廊、重庆农民银行； 设计重庆原中国滑翔总会跳伞塔
1943	设计重庆林森墓园
1944	出席中国建筑师学会年会，任学术委员会负责人

1946—1948	抗战结束以后迁回南京，完成下关车站扩建工程、正气亭、原国民党盐务总局办公楼、南京基泰工程司办公楼扩建工程、南京国际联欢社扩建工程、原国民党资源委员会办公楼、南京中研研究院社会科学研究、南京中央研究院化学研究所、原国民党中央通讯社办公楼等大量项目设计
1951	设计北京和平宾馆、北京全国工商业联合会办公楼、南京中华门长干桥改建
1952	担任南京工学院建筑系教授兼系主任
1953	指导设计北京王府井百货大楼，主持设计南京工学院五四楼、南京华东航空学院教学楼、南京大学东南楼
1954	完成南京工学院校园中心区规划，主持设计南京工学院五五楼；当选第一届全国人民代表大会代表，并连选五届
1955	当选中国科学院技术科学部委员
1957	设计南京工学院动力楼、中大院扩建工程、大礼堂扩建工程、沙塘园学生宿舍、沙塘园食堂等项目
1958	参与人民大会堂北京站等项目设计
1959	任南京工学院副院长；设计徐州淮海战役革命烈士纪念塔
1960	参加"南京长江大桥桥头堡"应征方案讨论
1972	指导设计南京民航候机楼
1975—1976	参与北京图书馆、毛主席纪念堂设计方案
1979	担任江苏省人民政府副省长；担任南京工学院建筑研究所所长。指导设计上海南翔古猗园逸野堂
1981	设计南京雨花台红领巾广场
1982	12月23日在南京病逝

5 方来
FANG Poland Lai
1900—1922

1900	出生于江苏常州
1915	以德育获清华学校"铜墨盒奖",以智育"画图"获名誉奖
1921	于清华学校毕业。毕业时曾写作《清华教育底特点》,刊登于《清华周刊》
1922	1921年先去纽约大学学习商科,后于1922年转入宾大建筑系,一年级时因病早逝

6 陈植
CHEN Benjamin Chih
1902—2002

1902	11月15日出生于浙江杭州
1915	进入清华学校学习
1923	从清华学校毕业,被录取为清华庚子赔款公派留学的学生。前往美国,进入宾大建筑系学习。在校时从师费城科迪斯音乐学院著名男中音歌唱家霍·康奈尔教授,学4年声乐,被选入宾大合唱团,成为团里唯一的东方学生,经常随团在费城附近演出
1926—1927	获柯浦纪念奖设计竞赛一等奖;获建筑学士学位
1928	获建筑硕士学位;毕业后,在纽约伊莱·康(Ely Kahn)事务所工作
1929	离美回国;在东北大学建筑系任教。还同梁思成、林徽因和张作甫以梁林陈张营造事务所的名义设计了吉林大学总体、教学楼及宿舍
1930—1934	任中国营造学社参校
1931	从东北来到上海,与赵深合组"赵深、陈植建筑师事务所"(Chao & Chen Architects)。经赵深、董大酉介绍加入中国建筑师学会
1932	在童寯加盟后,正式成立华盖建筑师事务所。该事务所由赵深负责外业,陈植负责内务,童寯主持绘图房设计工作。 与赵深、童寯主持设计大上海大戏院
1933	实业部技师登记。设计浙江兴业银行
1934	中国工程师学会正会员;上海市工务局甲等开业证;上海市建筑技师公会会员

1935—1937	中国营造学社社员
1938	筹划创立之江大学建筑系,担任(上海)私立之江大学建筑工程系教授,直至 1944 年
1938—1945	留守上海承接租界内项目;完成合众图书馆、兆丰别墅、金叔初花园洋房等设计项目
1946	任中国建筑师学会宣传委员会主任
1948	任中国建筑师学会候补理事,出版及学术委员会主任;代表华盖建筑师事务所去台北设立分所。12 月,与赵深同往台北结束台湾糖业公司大楼的工程,赶回上海
1949—1952	担任(上海)私立之江大学建筑工程系系主任
1950	中国建筑师学会登记会员、理事
1951—1952	(上海)联合顾问建筑师工程师事务所建筑师
1952	1952—1955 年任华东建筑公司(后华东建筑设计院)总工程师;出任中苏友好大厦工程总工程师
1955	6 月,就任上海市规划建筑管理局副局长兼总建筑师
1956	与汪定曾、张志模合作设计新中国第一个人物纪念馆——上海鲁迅纪念馆
1957	担任上海市民用建筑设计院院长兼总建筑师。从 1957—1982 年,参加和指导了大量国内外的重要工程设计,使民用院逐步成长为全国甲级大型综合性设计院之一,在国家建设中发挥着重要的作用。主持闵行一条街、张庙一条街等重点工程设计
1958—1962	担任上海市基本建设委员会委员
1959	负责设计锦江饭店小礼堂
1982	担任上海市建设委员会顾问,继又改任建委科学技术委员会技术顾问
1984	任上海市城乡建设规划委员会顾问
1986—1988	担任上海市文物保管委员会副主任
1987	亲自调查上海 20 余处近代公共建筑,撰写《保护上海近代建筑刻不容缓》一文,并在 12 月 8 日"纪念国务院公布上海市国家历史文化名城一周年"的座谈会上宣读。积极参加近代优秀保护建筑课题调研,提出上海市第一批 61 项近代优秀保护建筑名单
1988	文物保管委员会更名为"文物管理委员会",改任顾问
2002	3 月 20 日,逝世于上海

7 李扬安
LEE Yong-On
1902—1979

1902	8月26日生于纽约，籍贯为广东台山。 赴美留学之前曾就读于广东基督教学校（Canton Christian College）
1923	进入宾大建筑系学习
1926	获费城丁字尺协会二等奖
1927	获建筑学本科学位；设计的美术馆获得布扎设计学院 A 级 II 类二等奖
1928	获建筑学硕士学位。毕业后，在美国担任两年绘图员，随后回国工作
1930	经李锦沛和赵深介绍加入中国建筑师学会
1932	上海市工务局技师开业登记（建筑）；开始在（上海）李锦沛建筑师事务所工作
1933	加入李锦沛建筑师事务所
1934	中国工程师学会正会员
1935	脱离李锦沛，成立李扬安建筑师事务所
1939	香港建筑师注册登记，并于1945年移居香港执业。李扬安的设计项目大多数为住宅，项目尺度从别墅住宅到集合住宅，风格有中国式和欧洲式
1953	与范文照的事务所在同一栋楼的一层，又因为是宾大校友，两人经常合作。与范文照合作北角卫理堂车房教会
1979	于香港去世

8 卢树森
LOO Shu-Shung Francis
字奉璋
1900—1955

1900	9月22日生于上海。父亲卢学溥是前清举人，文学家茅盾的表叔和老师，北洋政府财政部次长，近代中国金融界的重要人物
1923	进入宾大建筑系学习，1926年夏回国

1928	经赵深、庄俊介绍加入中国建筑师学会；设计中央研究院北极阁气象台
1929—1932	受聘于中央大学建筑系，任副教授。教授二年级设计及西建史等课程
1930	与刘敦桢一起担任南京栖霞寺隋代舍利古塔计划及监造工程师，重新设计制作塔刹，并修补基座损毁部位，此为中国古建筑修缮领域的一次开创性工作
1930—1931	任中国银行建筑顾问
1931	加入中国营造学社，担任校理
1932	离开中央大学建筑系，赴南京铁道部任技正
1934	与赵深合作规划设计青岛湛山寺，设计院外药师塔及山门
1935	与梁思成、刘敦桢、夏昌世测绘苏州古建筑
1936	任中国建筑展览会常务委员，并与童寯一同负责组织在展会期间举办建筑学术演讲会，向参观者宣传建筑文化；任首都建设委员会委员；设计中山陵园藏经楼；设计南京文德里生物研究所
1937	11月重返中央大学。任建筑工程系主任，随校西迁重庆沙坪坝
1938	因不适应四川气候和生活，返回上海，续办上海永宁建筑事务所；担任中央博物馆建筑方案的审查
1939—1944	设计上海普陀路戈壁路西上海钢窗公司厂房二宅（1939年），小沙渡路中国制钉公司厂房（1940年），辣斐德路丁家弄天和公司住宅（1942年），普恩济世路东莱银行茹川记住宅和朱景祺先生住宅改建（1944年）等
1946	任台湾省民政处技正；1946—1948年间，在台湾修复台湾大学学会、嘉义市农事实验楼及一些银行办公楼
1948	返回南京。由于局势动荡，找不到稳定的工作，这段艰难的日子对其身体伤害很大
1949	任华东建筑设计公司总工程师及驻南京办事处主任
1950	中国建筑师学会登记会员
1955	病逝于上海

9 黄耀伟
WANG Yau-Wai
1902—1945

1902	7月22出生。籍贯为广东开平
1923	进入宾大建筑系学习
1930	获得学士学位,在国外及庄俊建筑师事务所实习约2年
1932	庄俊建筑师事务所工作,1935年成为助理员,1937年成为建筑师。上海工务局技师开业登记(建筑);经董大酉、庄俊介绍加入中国建筑师学会
1933	与谭垣合办(上海)恒耀地产建筑公司(Tam & Hsieh);并合办谭垣黄耀伟建筑事务所
1945	去往墨西哥,因肠癌去世

10 梁思成
LIANG Shih-Cheng
1901—1972

1901	4月20日出生于日本东京
1906—1912	日本横滨大同学校幼稚园;神户同文学校初中
1912	辛亥革命后,随父母从日本回国
1912—1914	北平崇德国小及汇文中学
1915	进入清华学校
1924	赴美留学。先至康奈尔大学(Cornell University)进修暑期班,秋季进入宾大建筑系学习
1926	获柯浦纪念奖设计竞赛名誉奖
1927	南北美洲市政建筑设计联合展览会特等奖章;2月份建筑学本科毕业,6月份建筑学硕士毕业;获建筑学士和硕士学位后,前往哈佛大学攻读博士学位,研究中国古代建筑(肄业)
1928	3月21日,与林徽因在加拿大渥太华中国总领事馆举行婚礼,后赴欧洲参观古建筑。8月18日回国,赴沈阳东北大学,创办东北大学建筑系

1929—1931	任（沈阳）辽宁省建设厅建设委员会委员
1930	成立梁林陈童蔡营造事务所，其前身为梁林陈张建筑师事务所。担任吉林大学建筑总设计师
1931	与张锐合作参与天津市规划，完成《天津特别市物质建设方案》；1931年回到北平，进入中国营造学社工作，任法式部主任；合办（北平）梁思成、林徽因建筑师事务所；经赵深、董大酉介绍加入中国建筑师学会
1932	担任北京大学建筑历史讲师；主持故宫文渊阁的修复工程；完成《清式营造则例》手稿
1933	清华大学建筑学讲师；任中华研究会会员；任（南京）中央研究院历史语言研究所通信研究员
1934	任北平国立研究会会员；任（南京）中央博物馆建筑委员会委员，中央古迹保护委员会建筑专家组成员；（北平）国立古都历史修复委员会成员兼技术专家；（北平）故宫博物院通讯专门委员
1935	实业部登记；拟订《国立中央博物院建筑委员会征选建筑图案章程》，参加方案评选
1936	任中国建筑展览会常务委员，主讲中国建筑之结构
1937	先后走访中国15省近200个县，测绘和拍摄2000多件唐、宋、辽、金、元、明、清各代保留下来的古建筑遗物，包括天津蓟县辽代建筑独乐寺观音阁、宝坻辽代建筑广济寺、河北正定辽代建筑隆兴寺、山西辽代应县木塔、大同辽代寺庙群华严寺和善化寺、河北赵州隋朝建造的安济桥等；担任国立中央图书馆建筑专业顾问，北平研究院史学研究会会员
1939	任四川省古迹保护委员会成员；任中央博物院中国建筑史料编纂委员会主任；中国建筑师学会重庆分会会员
1943—1944	完成《中国建筑史》以及英文版《中国建筑史图像》（*A Pictorial History of Chinese Architecture*）
1944—1945	任教育部战区文物保存委员会副主任
1945	中华营建研究会编辑委员会名誉编辑；中国市政工程学会第二届理事
1946	赴美国讲学，受聘为美国耶鲁大学教授，任联合国大厦设计顾问建筑师。因在中国古代建筑研究方面所作杰出贡献，被美国普林斯顿大学授予名誉文学博士学位。访问克莱伦斯·斯坦因（Clarence Stein）并接触新的规划思想；创办清华大学建筑系，任系主任、建筑研究所所长
1948	绘制《全国文物古建筑目录》，使北平古迹避免受到炮击，很好地保护了北京的文物和古城墙；当选为中央研究院院士
1949	任清华大学教授和建筑系主任；任北京市都市计划委员会副主任、中国建筑学会副理事长、中国美术家协会常务理事、中国文联全国委员会委员、中华全国自然科学专门学会联合会委员、中国科学技术协会委员、建筑科学研究院建筑理论与历史研究室主任、北京市城市建设委员会副主任等职

1950	提出关于北京的全面、系统的发展规划方案,主张保护北京旧城中心的文物环境;参与设计中华人民共和国国徽
1953	因提倡以传统形式保护北京古城而多次遭到批判
1955	当选中国科学院技术科学部学部委员
1961	在《建筑学报》发表《建筑创作中的几个问题》;在《人民日报》发表《建筑和建筑的艺术》
1963	设计扬州鉴真和尚纪念堂;1973年建成,1984年荣获中国优秀建筑设计一等奖
1966	"文化大革命"期间,被当作复古主义典型批判
1972	1月9日,病逝于北京

11 林徽因
Lin Whei-Yin
1904—1955

1904	6月,出生于浙江省杭州
1912	迁居上海,入虹口爱国小学学习
1916	因父在北洋政府任职,举家迁往北京,就读于英国教会办的北京培华女中
1920	4月,随父游历欧洲,在伦敦受到房东女建筑师影响,立下了攻读建筑学的志向
1923	与徐志摩、胡适等人在北京成立新月社,经常参加新月社举办的文艺活动,曾登台演出印度诗人泰戈尔的诗剧《齐德拉》,饰演主角齐德拉公主
1924	9月,进入宾大美术学院美术系学习;选修建筑系的主要课程。1926—1927年,兼任学校助教
1927	从美术学院毕业,入耶鲁大学戏剧学院学习舞台美术设计
1928	与梁思成在加拿大渥太华结婚。8月,夫妻偕同回国,受聘于东北大学建筑系。在到职前先回福州探亲,应福州师范学校和英华中学之请,作题为"建筑与文学"和"园林建筑艺术"的演讲;翌年,到东北大学讲授"雕饰史"和专业英语
1930—1945	与梁思成共同考察、调研古建筑物,其中有河北赵州大石桥、武义延福寺、山西的应县木塔、五台山佛光寺等。发表《论中国建筑之几个特征》《平郊建筑杂录》《晋汾古建筑调查纪略》等有关建筑的论文和调查报告,为《清式营造则例》一书撰写绪论

1931	受聘于北京中国营造学社，任中国营造学社参校；经李锦沛、董大酉介绍加入中国建筑师学会
1932	为北京大学设计地质馆和灰楼学生宿舍
1936	任中国建筑展览会陈列组主任；实业部建筑科技师登记
1937	由于七七事变爆发，被迫中断野外调查工作，不久，北平沦陷，全家辗转到昆明；次年，为云南大学设计具有民族风格的女生宿舍
1940	随中央研究院迁至四川宜宾附近的李庄
1946	8月，全家回到北平。任清华大学营建系教授。讲授中国建筑史、并为研究生开设"住宅概说"专题课；为清华大学设计教师住宅，并接受校外的设计任务
1948	5月，在《文学杂志》发表了《病中杂诗》9首。同年底，清华大学所在的北平郊区解放，编写《全国文物古建筑目录》，此书后来发展成为《全国文物保护目录》；受聘清华大学建筑系教授
1949	担任北平市都市计划委员会委员
1950	受特邀参加全国政协一届二次会议，兼任北京市都市计划委员会委员、工程师，提出修建"城墙公园"设想；参加中华人民共和国国徽设计；中国建筑师学会登记会员
1951	为挽救濒于停业的景泰蓝传统工艺，抱病深入工厂做调查研究，并设计了一批具有民族风格的新颖图案；参加天安门广场及人民英雄纪念碑本座纹饰和浮雕图案设计
1952	应《新观察》杂志之约，撰写《中山堂》《北海公园》《天坛》《颐和园》《雍和宫》《故宫》等一组介绍中国古建筑的文章 被任命为人民英雄纪念碑建筑委员会委员，与助手关肇邺一起完成了须弥座的图案设计。5月，翻译《苏联卫国战争被毁地区之重建》一书，为国家建设提供借鉴
1953	担任中国建筑学会第一届理事会理事，《建筑学报》编委，中国建筑研究委员会委员
1955	4月1日，病逝于同仁医院，享年51岁

12 谭垣
Whynne Harry TAM
1903—1996

1903	7月21日出生于上海，祖籍广东省中山县
1911	基督教上海守真小学
1917—1922	上海昌世中学，后转入工部局西童中学
1922	在父亲谭荣的事务所上海营造公司实习，任绘图员
1924	赴美国，进入宾大建筑系学习。利用宾大的暑期在美国的建筑事务所实习，任绘图员
1929	6月19日，获得美国宾大建筑学学士
1930	6月，获美国宾大建筑学硕士学位。同年10—12月游历欧洲，考察建筑，之后回国
1930—1931	任范文照建筑事务所建筑师
1931	经李锦沛、赵深介绍加入中国建筑师学会；4—6月在上海Nolfe建筑事务所任建筑师，同年任国立中央大学建筑工程系教授
1933	在美国建筑师亨利·茂飞经营的地产建筑公司从业；与刘福泰合办刘福泰谭垣建筑师都市计划事务所（Lau & Tam）；与黄耀伟合办（上海）恒耀地产建筑公司（Tam & Hsieh），以及谭垣黄耀伟建筑事务所
1937	随中央大学迁重庆，并在重庆大学建筑系兼职
1942	中大学术自发组织"鲍鼎、谭垣教授掌会十周年纪念会"
1939	兼任重庆大学建筑工程系教授
1944	经哈雄文介绍，任重庆内政部营建司简任技正；重庆市工务局登记，成立谭垣建筑师事务所（甲等开业证）；中国建筑师学会重庆分会会员；9月成为中国营造学社社员
1946	返回上海，成立谭垣建筑师事务所。同年任私立之江大学建筑工程系教授
1947	与中央大学解约，任之江大学专职教授，指导各个年级的设计课
1951	与吴景祥、李恩良、李正等之江大学师生七人合办中国联营顾问建筑师／工程师事务所，上海人民政府工务局注册。 参加上海人民英雄纪念塔设计竞赛，与张充仁合作提交的两个方案分别获得一等奖和二等奖；参加扬州苏北烈士馆及烈士塔设计竞赛获第一名。与吴景祥等合作参加经纬纺织及其制造厂工人住宅方案征求，获第一名。 1951—1957年，招收家塾建筑设计学生如毛乾楣、王咏梅等，指导他们学习设计

1952	全国高校院系调整之后进入同济大学建筑系，任教授。1952—1955 年兼任市政建筑委员会上海市建筑工程局（后为上海民用建筑设计院）顾问，每周一次前往指导
1953	带领王季卿和朱亚新参加同济大学教学中心大楼设计竞赛。1950 年中期，任同济大学校舍建设委员会设计室主任
1957	在《建筑学报》杂志上发表文章《评上海鲁迅纪念幕和陈列馆的设计》。前往广州参观城市建设；在《建筑学报》上发表文章《对广州公社烈属陵园总体设计的一些意见》
1958	任同济大学设计院第五室主任
1961	赴北京参观新中国十大建筑，对建筑进行点评；在建筑系"建筑设计首发"学术讲座上，以"伟大和巨大"为题，点评北京的新中国十大建筑，提出了"巨大"并非"伟大"的著名论点
1966—1969	在"文化大革命"中遭受隔离审查
1969	从"牛棚"中解放。1970—1976 年在上海郊区等地的"五七干校"劳动
1978	重新恢复正常教学和学术工作；参加中国建筑学会和国家建委于广西南宁举行的会议，会上批判国内各地人民英雄纪念碑"千篇一律"
1976—1978	设计建造上海宝山烈士墓纪念碑。1978 年 2 月在《同济大学学报》上发表文章《上海宝山烈士墓纪念碑》
1982	以 80 岁高龄退休
1983	与张充仁合作设计聂耳纪念园方案获得竞赛一等奖。8 月在《建筑学报》发表《聂耳纪念园方案的构思与设计》
1985	与吕典雅、朱谋隆等共同设计陕西省英烈纪念馆方案；在同济大学建筑系作"伟大与巨大"的专题报告。 与助教吕典雅，朱谋隆合作编著《纪念性建筑》一书，由上海科学技术出版社出版
1991	作为顾问参与绍兴鲁迅文化广场设计
1996	4 月 9 日在上海华山医院辞世

13 童寯
TUNG Chuin
字伯潜
1900—1983

1900	10月2日出生于奉天盛京（今沈阳）
1908	进入奉天省蒙养院，学习手工艺术、剪纸、拼贴图案、搭制积木模型等
1910	进入奉天省立第一小学读书
1917	进入奉天省第一中学读书，1921年毕业。教师中有多人系留日归来，从而开始接触西方文明，并开始学习英文、西洋油画、铅笔素描等
1921	进入清华学校，同窗中有梁思成、陈植等。在校期间，曾举办过个人画展。担任清华大学年鉴的美术编辑
1925	前往美国，进入宾大建筑系学习。从上海出发，途经东京、西雅图至美国东部费城，途中记录有《渡洋日记》
1927	完成本科学业，再过一年获硕士学位，并被选为费城丁字尺俱乐部会员；获全美大学生斯培德·布鲁克建筑设计竞赛二等奖
1928	获全美大学生斯培德·布鲁克建筑设计竞赛一等奖；自宾大毕业，前往美国费城本科尔（Ralph Bowden Bencker）建筑师事务所担任绘图员、设计师
1929	在纽约伊莱·康（Ely Jacques Kahn）建筑师事务所任设计师，并参加华尔街120号设计
1930	前往欧洲诸国游学；8月回国，出任东北大学建筑系教授。执教期间，撰写《建筑五式》《各式穹窿》《做法说明书》《北平两寺塔》等文章；编撰建筑教材；加入梁陈童蔡营造事务所
1931	九一八事变后，应陈植之邀，赴上海与赵深、陈植组建华盖建筑师事务所，主持设计工作；经赵深、董大酉介绍，加入中国建筑师学会，并被选为首届常务理事
1932—1936	利用工作余暇，遍访上海、苏州、常熟、扬州以及杭嘉湖等地，考察江南园林。整理传统的造园理论，并于1936年完成《江南园林志》一书
1932	协助东北大学建筑系学生流亡来沪，义务为学生补习。由上海大夏大学发给文凭，从而造就我国第一代国产建筑师；上海市工务局技师开业登记（建筑）
1933	实业部技师登记
1936	中国建筑展览会主讲现代建筑
1938—1940	赴重庆主持华盖建筑师事务所业务；重庆市工务局建筑技师登记；上海市建筑技师公会会员

1940—1944	赴贵阳负责华盖建筑师事务所分所,主持业务,并协助赵深处理昆明分所的工作。参与《中国文化系列》研究,负责"中国绘画史"和"中国园林设计"等主题的写作
1944	受中央大学建筑系主任刘敦桢邀请,抵重庆担任教授
1945	抗日战争胜利,赴南京负责华盖建筑师事务所在南京的工程项目,同时兼任中央大学教授。期间完成的主要设计工程有:南京交通部公路总局办公楼、南京美军顾问团公寓、上海新业银行、南京新街口百货商场等
1948	中国建筑师学会候补理事;南京建筑技师工会理事
1950	加入联合顾问建筑师/工程师事务所;中国建筑师学会登记会员
1952	随着全国院系调整,任南京工学院建筑系教授,从此主要从事教学和建筑理论研究
1960	任南京工学院建筑设计院首任院长;开始系统性研究西方现代建筑理论,坚持不懈地进行专题研究,例如"西式园林""密斯万用空间""巴黎城市规划史"等,为我国现代建筑理论研究作出了开拓性贡献
1961	发表文章《亭》,系统研究各种类型的亭
1962	经检查发现膀胱癌,手术后病情稳定,身体基本康复
1966	经历"文革"浩劫,数次被剥夺教学和科研的机会;1968年经历数次抄家,并被派往长江大桥工地敲石子,进行劳动改造
1976	在"文革"期间受到一定的政治冲击,但每天仍然坚持从家步行半小时到学校查阅资料,刻苦钻研。1978—1979年,研习中国水墨山水画
1979	在《建筑师》杂志上陆续发表《外中分割》《北京长春园西洋建筑》《随园考》《悉尼歌剧院兴建始末》《外国纪念建筑史话》《新建筑世系谱》《建筑设计方案竞赛述闻》《巴洛克与洛可可》《建筑科技沿革(一~四)》《中国园林对东西方的影响》等文章
1981	出版《童寯水彩画选》和《童寯素描选》;开始集中研究建筑教育史
1983	病逝于南京。病逝后,其许多著作仍不断地被整理出版,其中有: 1983年《造园史纲》《日本近现代建筑》;1984年《新建筑与流派》;1986年《近百年西方建筑史》;1993年《童寯建筑画》;1997年《东南园墅》

14 吴景奇
Wu K. Chauncey
1901—1943

1901	1月1日出生，籍贯为广东南海
1925	进入宾大建筑系学习
1930	获宾大建筑科学士学位。随后一年获得硕士学位。在留学期间，曾在阿宾·本尼狄克特·蕾西（Abin Benedcit Lacy）建筑师事务所实习
1931	回国后，加入范文照建筑师事务所，任助理建筑师；经范文照和谭垣介绍加入中国建筑师学会
1932	加入中国银行建筑课，成为陆谦受重要的合作者，共同设计了中国银行的大量建筑。1932—1934年与陆谦受合作设计大学路14号中国银行员工宿舍、上海市中国银行虹口银行大厦新屋
1933	与陆谦受合作设计上海市北苏州路中国银行新建11层办事处和堆栈；与童寯、徐敬直共同义务主持芝加哥世博会中国馆设计，该设计方案因故没能实现
1934	与陆谦受合作设计中山路62号中国银行分行
1936	与陆谦受联合在《中国建筑》第26期发表《我们的主张》一文，积极倡导新时代的建筑观； 与陆谦受合作设计上海市中国银行同孚大楼以及上海市中国银行西区分行
1937	上海外滩中国银行建成
1943	病逝

15 孙熙明
SUN Shi-Min
1902—1988

1902	9月1日出生于无锡
1920	先后在上海圣玛利亚女校和燕京大学接受教育

1926	进入宾大美术学院美术系学习
1927	从宾大美术学院退学,随夫君赵深回到上海
1929	与赵深参加上海市中心区域建设委员会组织的上海特别市市政府新屋设计竞赛,并获设计图案一等奖
1930	开始在家相夫教子
1988	3月2日于上海去世

16 过元熙
KUO Yuan His
1905—1966

1905	5月17日出生于江苏无锡
1926	从清华学校毕业,前往美国,进入宾大建筑系学习
1927	获柯浦纪念奖设计竞赛纪念奖
1929	从宾大建筑系毕业,获学士学位
1930	从麻省理工学院建筑系毕业,获硕士学位
1932	入选塔里埃森学徒,后离开塔里埃森,监造1933年芝加哥博览会的中国馆
1933	回到国内,担任北洋工学院建筑处教授;相继在《中国建筑》和《建筑月刊》上发表《芝加哥百年进步万国博览会》《博览会陈列各馆营造设计之考虑》和《新中国建筑之商榷》。在文中,过元熙分别介绍了中外展馆的设计特点。对世博会绵延三英里长的各类科学展馆推崇备至,认为博览会体现了科学之发明,科学制造方法,以及科学对于人生实用之贡献
1934	经朱彬、赵深介绍中国建筑师学会,后出会;实业部工业技师登记
1935	经董大酉、童寯介绍复加入中国建筑师学会;同月应邀参加南京国立中央博物院设计竞赛
1936	广东省立勷勤大学建筑工程学系教授(后该系并入国立中山大学)
1937	中国工程师学会会员

1939	香港注册建筑师登记；在《建筑月刊》上发表《广州市今后之园林建设》
1941	中山大学建筑工程系教授。广州市执业建筑工程师；担任期刊《香港和远东建筑师》的中文编辑
1947	受孙立人将军之邀，设计广州新一军公墓
1949	作为创始人之一，创办广州美协分会
1950	在香港王宽诚公司任建筑师；中华人民共和国成立后，曾回北京短期工作；参加香港拔萃男书院新体育馆和教室设计竞赛，获头奖
1957	香港建筑师学会登记会员
1958	中国建筑学会第二届理事；同年申请回港
1966	病逝于香港

17 梁衍
LIANG Yen
字衍章
1908—2000

1908	出生于日本东京，籍贯为广东新会
1910	随父母迁回国内，成长于北京，从小学习小提琴，接受家庭式教育。之后在北京汇文中学和清华学校学习
1928	进入宾大建筑系学习
1929—1932	1929 年转学耶鲁大学。三年时间完成五年的本科课程，入学哈佛大学研究生学院，但未完成学业即选择申请塔里埃森（Taliesin），成为第一批学徒，并一直学习到 1934 年
1934	经欧洲回国，任基泰工程司设计师。主要作品有南京国际俱乐部；中国工程师学会会员
1935	实业部登记
1937	中国工程师学会会员；重庆市工务局建筑技师登记
1944	加入中国营造学社

1945	抗战后期为美军工作（昆明）；作为当时中国的先锋建筑师，在昆明漫索尼俱乐部（Masonic Club）做关于中国建筑的演讲
1946	收到赖特的邀请返回美国，在塔里埃森短暂工作 6 个月以后，前往纽约，在联合国规划部工作
1950—1973	在哈里森和阿伯拉莫事务所担任总建筑师，负责联合国大楼、纽约巴特瑞公园（Battery Park）、阿尔巴尼帝国广场（Albany Mall）等项目
1958	在哈里森和阿伯拉莫事务所作为助手，帮助哈里森完成了康州斯坦福第一个长老教会教堂——该教堂是当时非常重要的现代主义宗教建筑，也是梁衍最满意的作品之一
1962	除了建筑师的身份，其还是一名艺术家，于 1950 年代出版了《弟弟的生日》（Dee-Dee's Birthday）、《托米和弟弟》（Tommy and Dee-Dee）、《撲满》（The Pot Bank）、《摩天大厦》（The Skyscraper）、《新年快乐》（Happy New Year）等数本儿童画册
1973	退休后，加入暗黑交响乐团（Diablo），任次席小提琴师；并开始学习陶艺，作品在 1979 年的旧金山中国文化中心的"秋月"展览中展出
2000	在美国加州去世

18 王华彬
WANG Huapin Pearson
1907—1988

1907	11 月 15 日出生。籍贯为福建闽侯（今福州）
1912	福州家塾
1919	进入清华学校
1927	清华学校毕业，随后前往美国欧柏林大学留学
1928	转至宾大美术学院。曾获郝可尔建筑设计竞赛一等奖
1932	从宾大建筑系毕业，获学士学位；回到上海，进入董大西建筑师事务所工作。参与了政府主持的新上海大都市规划中的一系列大型工程，包括上海市博物馆、上海市图书馆、上海市体育场。经童寯、陈植介绍加入了中国建筑师学会

1935	参加南京国民会议场建筑设计竞赛，获第五奖
1933—1939	任上海沪江大学商学院建筑系系主任、教授
1939—1949	任上海之江大学建筑系主任、教授；抗战期间，在之江大学建筑系坚持教学，培养了一大批在国内建筑事业中起重要作用的学者、专家
1942—1945	上海新新实业公司副经理
1945—1949	中央信托局房屋地产处，顾问建筑师，主任建筑师
1946	担任（上海）抗战胜利门设计竞赛评委
1948	成立王华彬建筑师事务所；上海市建筑技师公会会员
1949	上海解放，历任上海市房管局总工程师、华东建筑设计院总建筑师、北京工业建筑设计院总工程师，中国建筑技术发展中心总工程师
1950	中国建筑师学会登记会员、候补理事
1952	（上海）华东建筑设计公司总建筑师
1954	带领工作组配合苏联专家规划设计长春第一汽车厂
1957	从 1957 年起，担任中国建筑学会第二至四届常务理事，第五、六届副理事长；先后当选为北京市土木建筑学会副理事长、理事长。兼任北京市规划委员会委员，北京市文物古迹保护管理委员会委员、中国福建国际经济技术合作公司副董事长
1962	担任《建筑学报》第三届编委会副主任委员
1980	1980 年代初，相继发表《展望八十年代我国城乡建设的发展》和《新的技术革命和我们的对策》等论文
1988	8 月 22 日，于北京去世

19 哈雄文
HA Harris Wayne
1907—1981

1907	12 月 5 日出生于北京。自幼接受良好教育，文化底蕴深厚，性格坚定温和

1927	从清华学校毕业，曾任清华学校经济研究会会员；留学美国约翰霍普金斯大学，就读经济系
1928	转至宾大美术学院学习
1932	获建筑学学士、美术学士学位。 前往欧洲游学9个月，考察欧洲城市与建筑；9月回到上海，进入董大酉建筑师事务所工作。与董大酉一起参与了上海江湾新区的大量规划与建筑设计活动；经董大酉、赵深介绍加入中国建筑师学会
1933	担任上海私立沪江大学商学院建筑系教员。1935年继任建筑系主任
1937	9月30日，应南京国民政府之邀，至行政院内政部地政司担任技正，主持该司下新增的一科室工作。抗战爆发后，国民政府迁都重庆，其随之前往。期间亲自执笔起草制订《都市计划法》《建筑法》，并在重庆中央大学建筑工程系兼职
1942	任内政部营建司司长，继续编制《内政部全国公私建筑制式图案》（1943年7月第一集，1944年6月第二集）、《营建法规》（1945年）、《公共工程专刊》（1945年）、《修筑水利工程须知》、《修筑道路工程须知》等系列法规与建设刊物
1944	中国营造学社社员
1945	中华营建研究会编辑委员会名誉编辑；（重庆）中央大学建筑工程系教师；中国建筑师学会重庆分会会员；中国市政工程学会第二届候补理事；抗战胜利后，推动全国城市规划有序开展；参与《重庆陪都十年建设计划草案》、大武汉建设计划、建设衡阳抗战纪念城、南京都市计划、"南京首都政治区计"等全国重要城市的战后规划工作，直到1949年3月17日离职
1946	中国建筑师学会常务理事；曾任上海港务委员会、中国工业标准委员会、北平国家博物馆委员会、中国工程学会、中国市政工程师学会执行委员会委员
1948	在政府任职的同时，在沪江大学、复旦大学、上海交通大学兼职任教；与黄家骅、刘光华合办（上海）文华建筑师事务所
1950	中国建筑师学会登记会员
1951	（上海）联合顾问建筑师工程师事务所建筑师；编制《郑州市都市计划草案平面图》
1952	全国院系调整，随交通大学土木工程系并入同济大学建筑系，任建筑设计教研室主任。同年，城市规划教研室也开始成立，由金经昌、冯纪忠、哈雄文、李德华、董鉴泓、邓述平6人组成，教研室逐步发展为城市规划系与城市规划研究所。参与设计同济大学文远楼。 主持同济大学、浙江大学、武汉测量制图学院的选址与校园规划工作
1958	为支援东北教育，前往哈尔滨工业大学，筹建土木工程系新成立的建筑学专业

1959	土木工程系从哈尔滨工业大学分离出来，单独成立哈尔滨建筑工程学院；出任建筑学专业委员会主任；出任学院工程系副主任
1974	哈建工恢复招生后，仍然继续在学校从事教育工作
1980	参与倡议《保护圆明园遗址的倡议书》；参与为争取国际阿卡·汉建筑基金会在中国召开的准备工作
1981	在上海病逝。主要著述包括：《论我国城镇的重建》（1945年），《新中国读书计划的原则》（1947年《市政评论》第一期），《战后我国建设之新趋势》（1947年《市政评论》第一期），《沪江大学建筑科概况》（1937年），《漫谈市政工程建设》（1948年《市政评论》第一期），《都市发展与都市计划》（1948年《市政评论》第一期），《对建筑创作的几点看法》（1959年《建筑学报》第一期），《关于建筑现代化与建筑风格问题的一些意见》（1979年《建筑学报》第一期），《水利工程须知》（1944年），《修筑道路须知》（1944年）等

20 萨本远
SAH Benn Yuan
别名铭荪
1911—1988

1911	出生于福建闽侯（今福州），其祖父萨镇冰是近代著名海军将领
1922	进入清华学校学习，是留美预备部（清华学校）最后一届毕业生
1929	从清华学校毕业。前往美国进入宾大建筑系学习
1930	一年后转学麻省理工学院（MIT）
1933	获MIT建筑学硕士学位。同年回国，进入基泰工程司，任设计师，在南京从业
1936	登记为实业部建筑科技师
1937	离开基泰工程司，先后出任京赣铁路帮工程司兼段长，安徽歙县京贵铁路第八分段段长；成为中国工程师学会会员；在上海沪江大学建筑科执教
1948	迁往北平工作
1950	途经日本前往美国，到达西雅图
1988	于美国加州去世

在宾大学建筑

宾夕法尼亚大学及其建筑教育

宾夕法尼亚大学位于美国东部城市费城，1868 年开始设置建筑学专业，1890 年成立独立的建筑系并于 1920 年并入新成立的美术学院，成为其中的主要单元。宾夕法尼亚大学建筑专业沿用法国巴黎美术学院的图房训练（atelier training）的教学模式，并力求使之适应于美国的实际需求。同时，它也强调美国建筑师必须具备一般性教育与专业性训练两个方面的素质培养要求。

20 世纪初，宾夕法尼亚大学建筑学专业在瓦伦·莱尔德和保罗·克瑞等杰出教师的带领下，迎来了一个辉煌的发展时期。1921 年，宾大建筑系在全美院校中首获"法国政府建筑师学会毕业证书"（Société des Architects Diplomés par le Gouvernement Français）[1]；在 1910—1930 年期间，来自宾夕法尼亚大学的建筑专业学生，连续四年获得巴黎大奖（The Paris Prize），并获得了将近 25% 的全美设计竞赛奖章。在那一时期，学生在各类设计竞赛中获得奖项的数量，是衡量一所学校建筑教学质量的重要标准，这也意味着，宾夕法尼亚大学在当时达到了美国建筑教育的高峰。

---

1 杨廷宝于 1924 年毕业时也获得该荣誉。

宾夕法尼亚大学学院楼的建筑绘图教室
资料来源：宾夕法尼亚大学校档案馆（University Archives，University of Pennsylvania）

宾夕法尼亚大学

宾夕法尼亚大学的历史可以追溯到18世纪中叶。宾夕法尼亚大学的前身"费城学院"（The College of Philadelphia）成立于1777年。两年后，学校改名为"宾夕法尼亚学院"（The College of Pennsylvania）。1791年，学校改组成为大学，是全美第一所大学。学校的创始人本杰明·富兰克林（Benjamin Franklin）为这所学校制定面向实际需求的教育方针（practical education）。在这一方针下，学校建立了医学院等一批社会急需的基本学科，其中也包括建筑学教育体系。

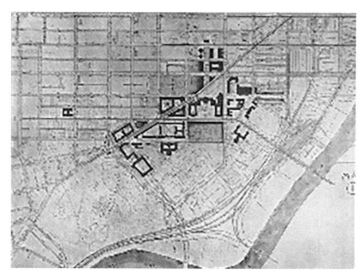

1913年宾夕法尼亚大学校园规划方案，伍德兰德路地区发展策划图，保罗·克瑞与奥姆斯特德兄弟事务所设计
资料来源：宾夕法尼亚大学校档案馆（University Archives，University of Pennsylvania）

学生宿舍大院中门，建于 1894—1896 年
资料来源：Review of the Department of Architecture [M]. Philadelphia：The Press of the University of Pennsylvania，1922.

学院楼（College Building），建于 1871—1872 年，摄于约 1891 年
资料来源：宾夕法尼亚大学校档案馆（University Archives，University of Pennsylvania）

海登楼（Hayden Hall）——当时美术学院楼所在地（最初用于牙医学院），建于 1895 年，摄于 1906 年 8 月 30 日
资料来源：宾夕法尼亚大学校档案馆（University Archives，University of Pennsylvania）

海登楼图书馆
资料来源：Review of the Department of Architecture[M]. Philadelphia：The Press of the University of Pennsylvania，1922.

临时餐厅用作美术教室。摄于 1900 年左右
资料来源：宾夕法尼亚大学校档案馆（University Archives，University of Pennsylvania）

20 世纪初美国建筑教育概览

美国较为完整意义上的早期建筑教育科系大致成形于 19 世纪初期，并且与建筑设计实践有着密切的联系。由理查德·摩利斯·汉特（Richard Morris Hunt）于 1857 年在纽约第 10 街成立的建筑工作室，首次集中开设绘画、建筑设计与建造技术方面的课程班，成为当时美国建筑教育的中心。汉特曾经在巴黎美术学院（Ecole des Beaux-Arts）受过良好的建筑与艺术教育。1850 年代以来许多美国著名建筑师，都曾受到过汉特的影响，甚或直接出自他的门下。这使得早期美国建筑教育带有浓郁的法国色彩。所谓法国式的建筑教育，或法国建筑创作方法，无疑与当时具有世界影响的法国巴黎美术学院的建筑教育体系是分不开的。这一体系直接影响了 19—20 世纪初的美国早期建筑教育与建筑创作，从而，也间接地影响了中国的近代建筑教育与建筑创作。

桥梁，高年级设计题目，布扎设计协会一等奖，宾夕法尼亚大学学生 S·J·拉钦斯基
资料来源：Review of the Department of Architecture[M]. Philadelphia: The Press of the University of Pennsylvania，1922.

桥梁，高年级设计题目，布扎设计协会一等奖，宾夕法尼亚大学学生 J·K·史密斯
资料来源：Review of the Department of Architecture[M]. Philadelphia: The Press of the University of Pennsylvania，1922.

宾大建筑教育专业

由于建筑学并不等同于一种单纯的建造技术或者观赏艺术，它与社会现实密不可分，因此宾大的建筑教育所要探讨的一个核心议题就是，发轫于工匠系统的传统建筑体系，应当如何与发展中的社会现实相结合，以适应不断涌现的新领域与新趋向，形成一种具有互动性的发展之路。因此，宾大的建筑教育并不等同于一种简单的职业培训或者素质熏陶，而是力图提供良好的设计技能、思维模式和探究方法，以便为学生在完成学业后，可以为自己的职业发展做好准备。

于是，宾大建筑教育专业力图通过一种新的教育方式，使得建筑设计成为具体的、可传授的内容。它不断融合工艺、美学、科学等领域的内容，传授各种不同类型的人文知识，使得建筑师具备艺术家、知识分子、工程师、技术员、管理员等多重身份。

宾大建筑教育围绕着设计图房进行组织，为学生的成长提供自由发展空间。在其中进行传授的，不仅包含着各种类型的建筑设计方法与技能，而且也涉及不同专业领域之间的多元性融合，从而在学界和行业之间构成了一种复合的、动态的相互关系，促成了建筑教育与实践领域之间的密切结合。

花园墙体的中央装饰

资料来源：John Harbeson. The Study of Architectural Design：With Special Reference to the Program of the Beaux-Arts Institute of Design[M]. New York：The Pencil Points Press，Inc.，1927.

分析设计课题：爱之圣殿

资料来源：John Harbeson. The Study of Architectural Design：With Special Reference to the Program of the Beaux-Arts Institute of Design[M]. New York：The Pencil Points Press，Inc.，1927.

海登楼内的建筑资料室（一）
资料来源：宾夕法尼亚大学建筑档案馆（Architectural Archives, University of Pennsylvania）

海登楼内的建筑资料室（二）
资料来源：宾夕法尼亚大学建筑档案馆（Architectural Archives, University of Pennsylvania）

海登楼绘图教室（一）
资料来源：宾夕法尼亚大学建筑档案馆（Architectural Archives, University of Pennsylvania）

海登楼绘图教室（二）
资料来源：宾夕法尼亚大学建筑档案馆（Architectural Archives, University of Pennsylvania）

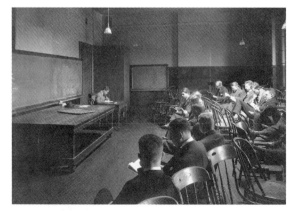

海登楼内的课堂（一）
资料来源：宾夕法尼亚大学建筑档案馆（Architectural Archives, University of Pennsylvania）

海登楼内的课堂（二）。讲台右侧为艺术史教授赫伯特·E·埃弗雷特
资料来源：宾夕法尼亚大学建筑档案馆（Architectural Archives, University of Pennsylvania）

宾大教师团队（部分）

20世纪初期，宾夕法尼亚大学的建筑教学体系与其教师团队密切相关。其中有两位杰出人物：一位是冷静而杰出的管理者瓦伦·莱尔德（Warren Laird），他带来了在巴黎学习到的古典传统，更强调专业性教育；另一位是充满热情与感染力的艺术家保罗·克瑞，他没有对巴黎美术学院的教育传统循规蹈矩，而是坚持建筑的艺术性，力图吸收法式教育的精华，以期塑造一个全新的美国式建筑教育。正是在他们的领导下，20世纪初期，宾夕法尼亚大学的建筑教育在全美保持着领先地位。

保罗·克瑞，法国政府认证建筑学位，帕斯卡图房，理学博士，建筑设计教授
资料来源：宾夕法尼亚大学建筑档案馆（Architectural Archives, University of Pennsylvania）

瓦伦·莱尔德，科学博士，艺术学院建筑系系主任，建筑学教授
资料来源：Review of the Department of Architecture[M]. Philadelphia: The Press of the University of Pennsylvania, 1922.

宾大建筑教育课程作业

杰出公民的纪念堂。詹姆斯·K·史密斯，1920年罗马美国学会竞赛参赛作品
资料来源：Review of the Department of Architecture[M]. Philadelphia：The Press of the University of Pennsylvania，1922.

帕拉蒂诺山图密善宫殿，剖面图。海外校友作品，威廉·J·H·霍夫，1913年获宾夕法尼亚大学科学硕士（建筑方向），1914—1917年罗马美国学会会员
资料来源：Review of the Department of Architecture[M]. Philadelphia：The Press of the University of Pennsylvania，1922.

红十字会物资集散中心,平面图。小詹姆斯·H·奇尔曼,1919 年罗马美国学会竞赛参赛作品
资料来源:Review of the Department of Architecture[M]. Philadelphia:The Press of the University of Pennsylvania,1922.

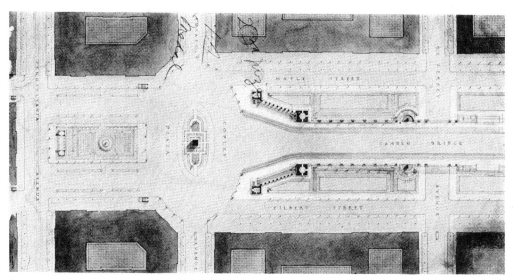

立交桥广场。罗伊·F·拉尔森，1921年市艺术协会竞赛，一等奖（第二名）
资料来源：Review of the Department of Architecture[M]. Philadelphia：The Press of the University of Pennsylvania，1922.

舞厅楼梯设计,威廉·H·利文斯顿,1918 年约翰·斯图尔森纪念奖学金竞赛
资料来源:Review of the Department of Architecture[M]. Philadelphia:The Press of the University of Pennsylvania,1922.

B 级设计课题,贝蒂·雷·伯恩海默(Betty Ray Bernheimer,宾大建筑系接收的第一位女学生)
资料来源:宾夕法尼亚大学建筑档案馆(Architectural Archives,University of Pennsylvania)

中国牌坊,风格设计 II,杰拉尔德·K·格林斯,克瑞图房,1921 年
资料来源:宾夕法尼亚大学建筑档案馆(Architectural Archives, University of Pennsylvania)

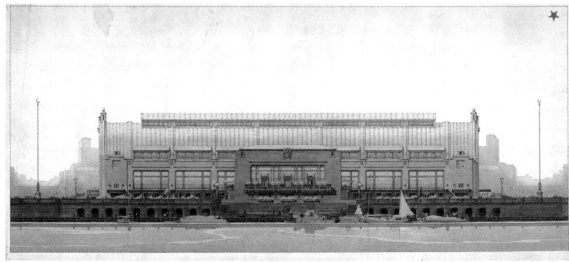

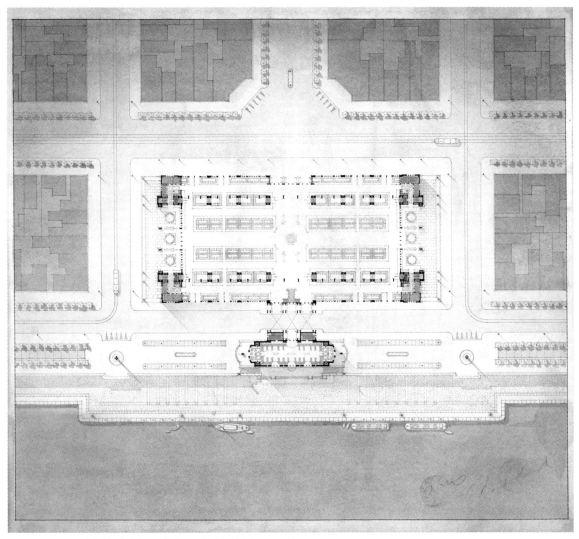

市政市场平面图,市艺术协会竞赛,二等奖,约翰·莱恩·埃文斯,1924 年
资料来源:宾夕法尼亚大学建筑档案馆(Architectural Archives,University of Pennsylvania)

向"布扎"学习[1]
——传统建筑设计教学法的现代诠释

顾大庆
东南大学建筑学院

作为"东南大学建筑学院建院 90 周年庆"重头戏之一的展览"基石——毕业于宾夕法尼亚大学的中国第一代建筑师"以丰富的图文材料,重申了"布扎"(the Beaux-Arts)这一源自于法国巴黎美术学院的建筑教育模式对于中国建筑教育的重要性。问题在于,一个如此宏大叙事式的呈现,除了凸显我们的"家学渊源"外,究竟还有什么当代意义?这恰恰是我近年来所关注的一个问题。

拙作《我们今天有机会成为杨廷宝吗?——一个关于当今中国建筑教育的质疑》[2]一文曾引起学界的广泛关注(以下简称"杨廷宝"),意味着有关议题触及了建筑教育的核心问题。杨廷宝先生作为中国"布扎"建筑教育的代表性人物,后人对他的设计能力的认识大多集中于"风格"议题。我在该文中试图证明杨先生的设计能力并非在于对某种建筑风格的坚持,而是他的"构图"能力,即整合设计的各方面因素,处理平、立、剖面以及体量空间相互关系的能力。这种能力的获得来自于杨先生在宾夕法尼亚大学所受到的严格设计训练。那么,宾大所传承的"布扎"建筑教育模式的核心究竟是什么?或者说,什么是"布扎"的教学遗产?我在该文中指出,其中最重要的一点就是"布扎"特殊的设计训练方法——竞赛或竞图。再进一步用现代比较直白的语言来解释,其实就是一个设计课程时间表的编排方式。把建筑设计"构图"能力的训练这一非常高大上的议题,最后归结为课程时间表的编排这一看似很管理性、技术性及细枝末节的问题,这是一个非常戏剧性的结论。虽然我在该文中就这个议题展开了讨论,但是感觉意犹未尽,因为我认为这是有关"布扎"当代意义的核心议题。

本文主要讨论 3 个问题:对"布扎"独特设计教学方法——设计竞赛制度的解读;1960 年代前后兴起的设计方法运动对"布扎"教学法的挑战以及 1980 年代对设计思维的新认识为重新评价"布扎"教学法提供了一个新视角;最后就"布扎"方法的当代实践提出个人的解答。

1. 设计竞赛:"布扎"的独特设计教学法

后来成为国际上建筑师教育固定模式的"设计竞赛"制度,在巴黎美院的早期其实是一个不得已而为之的举措。早期的"学院"(academy)有校舍,但是在校舍内只有图书馆、讲堂和展览场地 3 个主要的空间,图书馆是收藏建筑典籍的地方,学生在这里参考各种建筑图谱;讲堂是上理论课的地方;而展览场地则是评图的地方。奇怪的是,校舍内并没有上设计课的地方。最重要的设计训练最初是在教授的工作室——"图房"(atelier)——内进行的。所谓的学徒制,就是在教授的图房中学生与教授的师徒关系。

稍微晚一些时候,设计训练的功能从教授的图房中

---
[1] 该文曾发表于《建筑学报》2018 年第 08 期。
[2] 顾大庆. 我们今天有机会成为杨廷宝吗?——一个关于当今中国建筑教育的质疑 [J]. 时代建筑, 2017(3):10-16.

剥离出来，成为由学生自治的专门学习场所。即使到后来学校本身也有了专门的设计教室，而且在19世纪末"布扎"模式广泛移植到美国的大学体制后，设计教学都是在学校的专门教室内进行，但是设计训练的方法还是延续了美院早期所形成的"设计竞赛"制度。因此，这一最初不得已而为之的教学安排就必然有其建筑设计训练的重要意义。

巴黎美院的建筑设计训练主要是在图房内进行的。图房是由学生自治，分散在巴黎城内各处，是大家凑钱在校外租的地方。在这样的一个学习场所，既有已经在美院学习了相当长时间的高年资学生，也有初入学的低年资学生，大家共处一堂，整日厮混在一起，形成独特的工作室文化。比如高低年级学生之间的互助关系，成为现在所谓"垂直式工作室"的原型。每个图房由学生自己筹集经费来聘请一位建筑师作为老师，老师大都不是美院的教授，当然也不完全了解美院的教学计划。因为图房是在校外的，跟学院没有组织上的关系，所以怎么对教学进行有效的控制就是一个很实际的问题。美院设立了一个独特的教学体系，就是"设计竞赛"。美院的建筑设计训练由几个环节所组成，即教授出题目，学院主持竞赛以及最后的评图，而中间的设计辅导则是在校外的图房完成。竞赛有两种方式：一种是单纯的快图，即当天完成的作业；另一种是快图+渲染，即在一天的快图后学生需要把草图带回图房继续发展完成一套渲染图。这里我们讨论的是后一种方式。

具体的运作是这样的。一般在竞赛前，学院会公布竞赛的大致类型，即哪一类建筑，学生可以事先查找一些资料做些准备。首先，学院组织一个一天内完成的快图设计[1]，在学院的场地内进行，每人在隔离开的隔间内作图。快图内容包括建筑的平、立、剖面图。设计做完后学生要把草图交给门卫，打包并盖上火漆印，封存起来。学生只能复制一份，然后把这个图带回图房。在老师的辅导下继续发展，一般是两个月或几个星期为一个周期。到了交图的时间，免不了要挑灯夜战。交图的那一天，学院有专门的服务——用推车到散布在城里各个角落的图房去搜集图纸。如果学生的表现图还没有画完，就会一边跟着车子跑一边继续渲染，赶到学校交图。接下来就是教授们关起门来评图，这时候要把学生一开始的草图开封，和最后的设计——对照，如果两者之间出现了很大的差别，这个学生就被判定不及格，下次再来。教授也不会对评判的结果作任何的解释，学生要自己琢磨究竟出了什么问题[2]。我们可以通过一个课表来进一步了解设计竞赛方法的运作特点。这是宾夕法尼亚大学的一个5周的分解构

---

1 一天只是个概数，Richard Chafee 在描述巴黎美院的快图训练时说的是 12 小时，而 John Harbeson 在描述宾大的快图训练时说的是 9 小时，估计时间长短与快图的难易度有关，总之是在一天之内完成。
2 Richard Chafee. The Teaching of Architecture at the Ecole des Beaux-Arts in the Architecture of the Ecole des Beaux-Arts[M]. Arthur Drexler(ed.). New York：The Museum of Modern Art，1977：61-109.

图（analytique）练习[1]。周六这一天是快图设计，在以后的 5 周发展过程中，其中 4 周是设计的深化，先是 1：100 的图，然后是 1：50 和 1：20（图表中是英制比例尺，换算成公制），最后有约一周的时间是成图的制作和渲染。

这个方法的最独特之处就是设计方案其实是在一天的快图中就基本确定了，而且在以后的发展过程中还不能有本质的修改，只能完善。这就是第一次草图不能改变的原则。我们可以单纯从管理的角度来解释，即学院对于一个设计教学的过程只能控制两个在学院内进行的环节——开始的快图设计以及最后的评图，这两点之间的一大段时间都是学生各自在图房中完成的。因此学院必须要求保持第一天的快图和最后的渲染图一致，否则就无法判断这个作业究竟是学生本人完成还是假借了他人的帮助。很显然，该方法的独特性一定不止于管理的层面，否则便不会如此强调上面的原则。约翰·哈伯森（John Harbeson）就指出，竞赛制度的目的就是培养学生良好的思维习惯，即一旦做出了决定就要坚持沿着一个方向做下去，而不是举棋不定、犹豫不决，这是建筑师职业的基本素质要求。[2] 保罗·克瑞也说过，若无第一次草图不能改动的规定，学生就会花去 3/4 的时间尝试不同的方案，而不会深入发展其中的一个，如此便失去了设计训练的目的[3]。因此，设计竞赛就是为实现教学目标而提供的一种制度化的保证。这实在是很奇妙，一个看似不得已的举措原来有着深刻的教学法内涵。

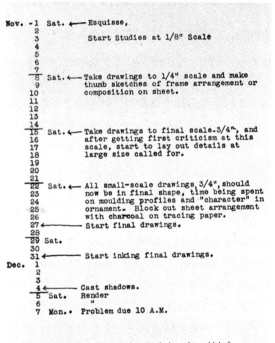

宾大一个 5 周的分解构图练习时间表
资料来源：Harbeson John. The Study of Architectural Design[M]. The Pencil Points Press，1926.

1 John Harbeson. The Study of Architectural Design[M]. The Pencil Points Press，1926：14.
2 同上：8.
3 WHITE Theo B. Paul Philppe Cret：Architect and Teacher [M]. Philadelphia：The Art Alliance Press，1973：27.

要让一个学生在对问题还没有什么认识的情况下就要在规定的时间内给出答案，以我们今天的眼光来看，这似乎是一个不太可能完成的任务。如何能够在对设计问题还没有太多认识的情形下快速提出一个设计的方案？在"布扎"的设计中，这并不是一个耗时费力的分析推理题，而是一个选择题。这里我们要用到"布扎"的一个专用术语——格局（parti）[1]。它是指有关某个建筑类型各种可能的体量或平面布局的抽象图解。比如一个图书馆可以是 T 形平面，也可以是 H 形平面，学生的任务就是从中选择一个自认为最合适的。克瑞就明确说过选择格局是一个机会游戏（chance game），没那么重要[2]。那么，"布扎"的训练重点究竟在哪里呢？这里我们要引入"布扎"的另一个重要的术语，即"构图"（composition）。

在没有深入研究"布扎"之前，我一直认为构图只是针对建筑立面处理的美学技巧，这一误解来自于我们所受到的教育。现在我知道构图是指如何处理建筑的体量、平面和立面的相互关系的一套设计原则，是"布扎"设计方法的精髓之所在。构图包含了"整合"，即将局部整合为一个整体；"处理"，即协调局部与局部、局部与整体之间关系；"发展"，即从概念到建筑的转换。我在"杨廷宝"一文中花费了相当篇幅，通过杨廷宝和勒杜（Ledoux）两位建筑师的作品来解释"布扎"构图的内涵。

总而言之，"布扎"的设计竞赛训练可以简单地归纳为 3 个要点："快图 + 渲染"的课程结构；第一次草图不能改的原则；着重于构图能力的训练。

"布扎"设计竞赛制度，一天的快图设计，封存原始图纸，返回图房继续完善设计，开夜车赶图，教授闭门评图
资料来源：作者根据各种资讯整理

---

1 Parti 直译为"政党"，在布扎的设计知识体系中特指决定建筑的体量和平面布局的轴线所构成的基本图式。王骏阳译作"格局"，现在则泛指设计的最初想法和概念。王骏阳."建构"与"营造"观念之再思——兼论对梁思成、林徽因建筑思想的研究与评价 [J]. 建筑师，2016(3)：19-31.
2 WHITE Theo B. Paul Philppe Cret：Architect and Teacher [M]. Philadelphia：The Art Alliance Press，1973：27.

2. "分析与综合"和"猜测与检验":对设计思维认知的转变与再转变

由"布扎"所确立的这套训练方法从法国巴黎流传到世界各地,成为建筑训练的主要方式,到了1960年代前后情况才发生变化。学生在"布扎"的快图设计的短时间内,之所以能够很快提出一个设计方案,主要是当时做设计是基于类型学方法。而到了二战以后,以前人经验为基础的类型学方法受到挑战。人们普遍认为我们正面临一个全新的时代、全新的建筑问题,因而需要全新的设计解答。于是设计方法必然从选择题转为分析题和推理题,这就是1960年代前后兴起的设计方法运动的目的所在。该运动的最大贡献是提出了"分析与综合"的设计思维模型,即将设计理解为一个由分析、综合和评价3个主要阶段构成的发展过程。

于是,分析方法,特别是图解分析方法得到了极大的发展。比如说你要设计一个住宅,得有意识地屏蔽掉你对"居住"的一切先入为主之见,而将其视为一个前所未遇的新问题,需借助一系列的分析图解来分析与居住相关的各种活动以及它们之间的相互关系,如矩阵列表、权重分析以及拓扑关系分析(功能关系泡泡图)都是常用的图解方法。借此,你或许会就起居、就餐、备餐、就寝和洗漱卫生这些生活活动之间的关系得出一个出乎意料的认识,这个新认识或将导致新的设计答案。与分析方法的发展同样重要的还有用"系统"的概念来建立设计问题的理论模型,即将设计问题看成是由人居、环境和建造三个子系统所构成的人造环境系统。相应地,对应不同的设计问题就有不同的分析方法,其中主要是对人的因素的分析和对环境因素的分析。

"分析与综合"模型以及分析方法的流行,导致建筑设计教学的一个非常明显的变化就是设计前期的准备工作变得很重要了,学生在产生一个设计方案前需要花费相当多的时间来分析问题和制作分析图解。索恩利(D.G.Thornley)在1962年的设计方法会议上发表了曼彻斯特大学从1958年开始的理性化设计课程改革成果,文章的最后附了1958年和1962年的二年级设计教学大纲。以1962年的大纲为例,设计课程分为4个阶段:第一阶段是设计任务书的制定;第二阶段是调研和评估,包含两个步骤,先是以文字形式呈现的调研报告,内容涉及建筑的使用功能、使用者相关的需求、行为模式、现状条件以及经济等,然后是以图解形式呈现的设计可能性的评估,包括场地条件、周围的环境以及人流和功能的分析,最后需要区分出一个或若干个综合性的结论;第三阶段名为"创造",才是真正进入具体的建筑形式的研究;第四阶段为细化的阶段,包含设计的进一步发展以及最后的成果呈现。

我们大概可以归纳出几个特点:1)教师不是直接给学生一个设计任务书,而是要学生参与设计任务书的制定;2)初步的设计概念要到第三阶段才开始,设计前期的研究占据相当重要的部分;3)教学大纲中对于第二阶段的调研和评估有具体的任务规定,而对涉及建筑形式的部分则很含糊其辞[1]。索恩利的论文中没有插图,故我们还不能对这一时期设计教学的改变有一个视觉化的认知。

手头的另一份有关苏黎世联邦理工学院(ETH-Z)的设计教学资料显示在佰纳德·赫伊斯利(Bernhard Hoesli)于1959年从美国返回瑞士之前,一年级的设计作业只有基本的建筑平、立、剖面图的呈现;

---

1 THORNLEY D-G. Design Method in Architectural Education, in Conference on Design Methods[M]. Oxford: Pergamon Press, 1963: 37-51.

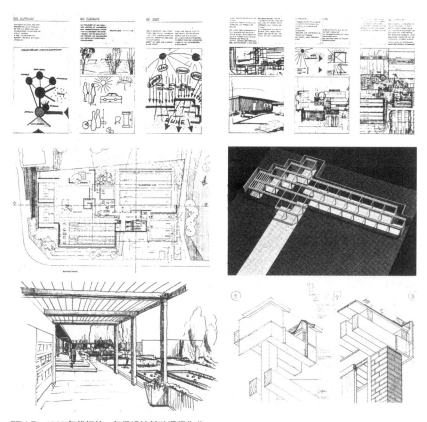

ETH-Z，1960年代初的一年级设计基础课程作业

资料来源：THORNLEY D G.. Design Method on Architectural Education, in Conference or Design Methods [M]. Oxford: Pergamon Press, 1963: 37-51.

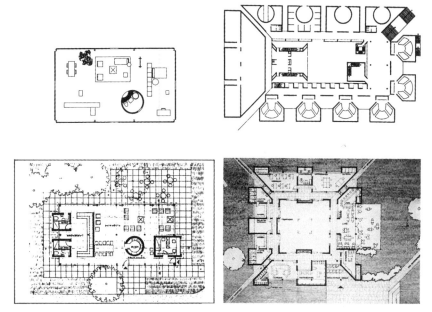

ETH-Z，一年级学生作业，学生的方案明显借鉴了大师的作品

资料来源：RONNER Heinz. Die Architekturabteilung der Elda Techn Hochschule 1957—1968[Z]. ETH-Z, 1971: 68.

1960年代初开始,一年级的设计作业中各种分析图解已经作为设计成果呈现的一个重要部分。学生的草图包括功能关系分析、空间关系分析、空间内的家居布置分析、场地分析、空间组织关系分析以及场地—功能—空间关系分析等[1]。

这些在今天我们已经习以为常的分析图解和模型研究在当时无疑代表了一种新的设计方法。那么,建筑设计是不是真的可以成为一道分析推理题呢?"分析与综合"模型的重点在于分析,而它的弱点则在于综合。在所有的方法学著作中,大家的研究重点都放在分析环节上。而对于综合环节的讨论往往语焉不详,顶多说些头脑风暴之类的思维技巧来敷衍。

在记录赫伊斯利在ETH-Z的设计教学成就的Teaching Architecture一书中有一组非常有趣的图解,将两个学生的平面图分别与菲利普约翰逊(Philip Johnson)和路易斯·康的平面并置,学生的方案明显借鉴了大师的作品。这组图出现在一本主张理性教学方法的书中显得非常突兀。如果分析方法果真可行,不是应该导致独特的解答吗?为何会出现学生明显借鉴大师作品的情况呢?对此,赫伊斯利解释为我们处于"一个折中的时期"[2]。折中,选择也。这不正是"布扎"格局的精髓吗?可见赫伊斯利也没能很好解决从分析到综合的转换问题。

建筑学界对于"分析与综合"模型的热情到了1980年代前后开始消退。在1980年曼彻斯特大学召开的设计研究学会会议论文集中,学者普遍抛弃"分析与综合"模型,取而代之的是卡尔·波普尔(Karl Popper)的"猜测与检验"模型。波普尔在《科学发现的逻辑》(The Logic of Scientific Discovery)一书中提出科学发现依循如下规律,即证伪法:出现问题→提出各种理论或猜测→通过试错法从各种假设或猜测的新理论中筛选出逼真度最高的理论→新理论又被证伪。这个理论可以表述为以下公式:P1-TS-EE-P2。P1代表解决问题者遇到的问题,问题解决者可以是个人或团体,甚至是物种,问题则是问题解决者认为现实世界中某个方面的缺陷和不足;TS代表试探性解决办法,即问题解决者就面对的问题提出新的理论或尝试性解决办法;EE代表减错,这是一个持续不断的尝试与错误的过程,可以借助真实或抽象的模型来试验,或运用分析方法来评价;P2代表新的问题,当前问题的解答又成为下一个解决问题循环的起点[3]。

波普尔的理论似乎能够更好地解释设计的思维活动,比如一个有经验的建筑师在接到一个设计任务后往往长时间不动一笔,似乎不做任何的准备工作。而突然之间在很短的时间内就用寥寥几笔画出了一个非常潦草的草图,然后他会把这个草图交给下属,让他们去将其发展成具体的设计方案。这个设计过程的特点是提出一个设计的概念往往是一瞬间、灵感一现的事情,并不一定需要一个很长的分析阶段作为铺垫。创意的想法来自于设计者的知识、经验和天赋,来自于对事物的判断力和洞察力。但是,这并不表示我们需要花很多时间来做这件事。而将概念发展成一个具体的设计方案则是一个长期的过

---

1 RONNER Heinz. Die Architekturabteilung der Eida,Techn Hochschule 1957—1968[Z]. ETH-Z,1971:68.
2 JANSEN Jürg,HANSUELI Jürg,MARAINI Luca,HANSPETER Stockji. Teaching Architecture:Bernhard Hoesli at the Department of Architecture at the ETH Zurich[M]. ETH-Z gla,1989.
3 波普尔的理论在建筑文献中似乎没有完全一致的表述,学者有各自的不同表述,本文"P1-TS-EE-P2"公式来自于George Rzevski,而"猜测与检验"(Conjecture and Test)表述来自于Nigel Cross. 参见:RZEVSKI George. On the Design of a Design Methodology in Design:Science:Method—Proceedings of the 1980 Design Research Society Conference[M]. Guildford:Westbury House,1981:6-17.

程，需要从功能、场地、环境、建造、造价及法规、规范等各个方面来反复验证这个概念的可行性，不断地减少设计中的错误，不断地协调各部分的关系，直至达到一个相对满足各种条件的、可以接受的设计。

以上我简要地回顾了西方国家从1960—1980年代所发生的对设计思维的认知的转变与再转变。1960年代"分析与综合"模型的兴起是对"布扎"的以类型学和经验为基础的设计方法的批判。而1980年代"猜测与检验"模型的流行则是对"分析与综合"模型的批判。若我们再回过头来看"布扎"的设计竞赛制度，一个设计竞赛作业，提出设计的初步概念被限制在一天的时间内，而设计的深化和调整则需要几周的时间。这不就是"猜测与检验"模型的最佳体现吗？于是，这一古老的建筑设计训练方法通过现代理论的诠释而赋予新的生命。

3. 向"布扎"学习，传统教学法的新诠释

我们这一代"文革"以后进入建筑学校学习的人，经历的是"布扎"式的设计训练。但是，彼时的"布扎"训练已经失去了它的纯粹性，比如我们从来没有听说过第一次草图不能改，也不知道构图为何（通常理解为立面的处理），关于如何整合和处理建筑形式的技能主要通过观察老师的改图来领悟，只可意会而不可言传。不难想象，后来接触到设计方法学提倡的分析方法和图解方法就迅速将它们作为实现建筑设计理性化教学的解决方案，随之一同而来的还有对社会、文化、城市、环境等议题的日益增长的兴趣。这两者是一种共生的关系。确实，分析和图解方法使得设计问题的研究更加条理化和可视化，同时设计不再是单纯的形式游戏。

"2016年全国建筑设计教学研习班"作业选
资料来源：冯琳（天津大学）

不过，我们也面临了设计教学的新问题，即当设计的关注点转移到对问题的分析，我们似乎也失去了训练学生的设计处理和整合的能力。而这正是传统设计教学之所能。因此，我们今天重新认识"布扎"建筑设计训练的本源对于解决当前设计教学中的问题就有着特别重要的意义。我与同事近十多年来在香港中文大学（GUHK）建筑学院所进行的一系列名为"空间与建构"的设计教学实验就是对"布扎"设计竞赛制度及"猜测与检验"模型的一种新诠释。有关的教学研究虽然已经通过各种媒介得到传播，但是其背后的教学法渊源，特别是与"布扎"设计竞赛制度的关系却很少被提及[1]。

通过对"布扎"的建筑教育的研究，对于建筑设计教学目的的认识发生了一个重大的转变，即设计教学的着眼点并不在于如何产生独特的概念，而在于如何将概念发展成建筑。"构图"是"布扎"体系中指导古典主义建筑形式处理的一套法则，简单地说就是依据轴线对称的原则来处理体量、空间和立面的关系，设计研究的主要任务就是如何处理好体量、空间和立面这三者之间的关系，使之成为一个整体。而构图的难点在于这三者的组织既各自独立又相互依存，达至三者之间的统一，考验设计者的处理和整合能力。"布扎"的构图理论和方法属于一个特定的时代，我们需要有一套适合于当代建筑设计实践的形式与空间整合的理论和方法。

最近二三十年来国际上许多重要建筑师的设计实践体现出一个共同的特点，即以模型的操作作为空间和形式生成来源。这一共同特点既不同于"布扎"的轴线组织方法，也和20世纪初的现代主义建筑强调板片要素和流通空间的单一兴趣不一样。但是，现在似乎还没有一个现成的知识体系来作为设计教学的基础。因此，我们在"建构工作室"所设立的课题就是通过设计教学的方式来探讨建立这样一个空间与建构设计理论和方法的可能性。我们归纳了3种形式要素——杆件、板片和体块，并认为对不同要素的操作产生不同的空间，操作的多样性导致空间形式的多样性。基于模型操作的空间生成导致了体量、空间和立面之间相互关系的新问题，一个操作方法不但产生空间，也同时决定了体量和外观。这和"布扎"构图所要解决的体量、空间和立面各自独立，又要相互关联的问题很不一样。此外，当代的建筑设计还有一些新的问题，如结构与空间的关系、建造与空间的关系、表皮和材料等。

"布扎"的设计竞赛制度给予我们的另一个重要的启示就是一个严谨的课程结构对于实现教学目标的重要性。我们所要达到的目标是建立一套结构化的、具有可操作性的设计方法。设计的推进不是简单的比例尺的变化，而是具有更实质性的内容。我们把设计看成是一个包含4个发展阶段的，从概念到建筑的发展过程，即"概念"、"组织"、"区分"和"建造"。每个阶段聚焦于一个特定的问题，采取特定的研究手段和媒介。

1）"概念"

"概念"阶段不需太长。具有"布扎"一天快图相类似的功能，即找到一个后续研究的出发点。"布扎"的快图要求描绘出未来的建筑的一个粗略的整体轮廓，而我们的概念只是对给定模型材料的简单操作，

---

1 "空间与建构"课程经历了若干个发展阶段. 其最初的体系来自于香港中文大学建筑学院的"建构工作室"（2001—2009年），有关课程呈现于《空间、建构与设计》一书，其后同时在"全国建筑设计教学研习班"（2011—2017年）以及香港中文大学建筑学院的"建筑设计基础（二）"（2012—2018年）得以进一步的发展。

究竟未来能够发展成一个什么样的建筑则是未知的。概念的获得鼓励学生对材料的直觉反应，也有运气的成分，实际上大多数情况下是盲目的。一个空间操作的概念究竟是好还是坏，在这个阶段其实并不重要。唯一的要求是它必须是来自一个清晰的操作。所谓的原创性，只是就教师而言，可以根据以前是否遇到过相似的操作方法作为衡量的标准；对学生而言，由于缺乏过往经验作为判断的依据，其实是没有意义的。

2）"组织"

"组织"阶段的任务是将所获的概念运用于一个建筑体的设计，包含内部空间、外部体量及立面外观的组织。内部空间的组织既可以是抽象的，也可以是具体的。对要素的操作也包含了结构体系（力的传递）的思考。总之，这不应该是一个逐一解决单一问题的思维模式，而是同时并举的整体思考，需要不断地尝试，寻求不同问题之间的统一。对于设计结果的评价基于两个简单的原则：一是操作的清晰性导致空间和形式语言表达的清晰性；二是简单的操作与丰富的空间体验之间的统一。为了能够使设计研究更加聚焦，我们规定模型研究局限于单一材料。

3）"区分"

"区分"阶段将材质问题引入讨论，重点研究如何通过材料区分来强化最初的设计概念。材料，并非指建筑材料，而是不同材质的模型材料。材料的区分使得设计者在设计表达上具有更多的可能性，比如我们可以在不同的要素之间作区分以表达某种等级秩序，可以通过材质区分强化某种操作的表达，或者通过材质区分强化建筑体和空间在水平或垂直方向的组织。材质区分可以帮助我们验证在前面阶段所获得的结果是否建立在一个清晰的发展逻辑基础上。一般来说，凡是在前面阶段概念不太清晰的，这时候都会遇到困难。

4）"建造"

"建造"阶段的研究从模型材料转换为建筑材料，当然我们不大可能在教室的环境下用真实的建筑材料，而是通过模型材料来模拟建筑材料。所要关注的焦点不是单纯的如何建造这类技术性问题，而是如何使得原先的空间概念通过建造的手段得以实现。通常我们见到的往往是一个在概念阶段很强烈的想法到了最后消失得无影无踪。

总之，我们试图建立一个"演绎"式的设计方法，这一设计方法的特点在于学生在设计开始时是无法预料结果的，"方法"引领着设计的发展，不断发现设计新的可能性。学生从一个貌似平淡的空间操作的概念出发，通过空间和形式的组织、材质的区分和诠释，以及结构与建造的实现手段等几个研究的阶段，逐渐发展出一个既有趣、又遵循空间操作原则的建筑。正如保罗·克瑞所言，设计的密匙不在于你从什么概念开始，而取决于你如何去发展它[1]。

4. 结语

概括地说，我们讨论了3种设计课程的结构方式，可以用图6来表述。

"布扎"的设计竞赛制度可以表述为一个三段式的结构，即一天的快图，数周的设计发展，加上最后的成图。一天的快图基本上确定了设计的主要内容，而且这第一次草图还不能修改，这就决定了在余下的时间里学生只能够继续深化设计，这成了"布扎"设计训练的精髓。不重概念的品质，而重如何将概念发展成建筑。课程的主要时间花在学习如何运用"构图"的原则来处理、调整和整合体量、平面和立面之间的关系。构图的原则虽简单明了，可以描述，但是具体运用到特定的设计问题则千变万化，只能通过观察老师的示范来领悟，通过重复练习而熟能生巧。

"分析与综合"模型是我们今天最常见到的设计课程结构，即从设计前期研究开始，然后是设计概念的形成，再是设计的深化，最后是成果的呈现。设

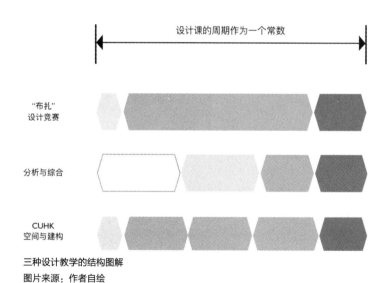

三种设计教学的结构图解
图片来源：作者自绘

1 WHITE Theo B. Paul Philppe Cret：Architect and Teacher[M]. Philadelphia：The Art Alliance Press，1973：27.

计训练的重点在于从问题到概念的转换，即寄希望于从对行为、社会、城市、环境、技术、政治或其他议题的分析研究来导出独特的设计概念。因此，此类训练所关注的是设计概念的品质、独特性和原创性。结果就是学生花大部分时间用于问题的图解分析并在概念的层面徘徊不定，没有时间真正把概念深化和发展到建筑。过程有趣而成果粗浅几乎是这类教学的一个通病。

我和同事近十多年来的设计教学实践针对当前的设计教学在发展学生的设计整合能力方面的失能状况，将研究的重点放在从概念到建筑的转换。一方面我们无比赞颂"布扎"的构图理论和方法，另一方面我们也意识到必须要有一套对应我们当前的设计实践的形式处理理论和方法。所谓的"空间与建构"设计训练课程就是这样一个使得当代建筑设计变得可教的教学实验。课程的结构既源自于波普尔的"猜测与检验"模型，同时也是对"布扎"设计竞赛制度的致敬和新诠释。基本的设计方法包含4个相互关联的设计研究阶段，即"概念""组织""区分"和"建造"。阶段性的设计推进方式使得设计方法更加具有"可教"性。

若要再作更简要的概括，文本讨论了3种建筑设计的方法及其相应的传授方式，即"布扎"的选择题、"分析与综合"模型的推理题，以及"空间与建构"课程的演绎题。

参考文献

[1] 顾大庆. 我们今天有机会成为杨延宝吗？——一个关于当今中国建筑教育的质疑[J]. 时代建筑，2017（3）：10-16.
[2] CHAFEE Richard. The Teaching of Architecture at the Ecole des Beaux-Arts in the Architecture of the Ecole des Beaux-Arts, Arthur Drexler[M]. New York：The Museum of Modern Art，1977：61-109.
[3] HARBESON John. The Study of Architectural Design[M]. New York：The Pencil Points Press，1926.
[4] WHITE Theo B. Paul Philppe Cret：Architect and Teacher [M]. Philadelphia：The Art Alliance Press，1973：27.
[5] 王骏阳. "建构"与"营造"观念之再思——兼论对梁思成、林徽因建筑思想的研究与评价[J]. 建筑师，2016（3）：19-31.
[6] THORNLEY D G. Design Method on Architectural Education, in Conference or Design Methods [M]. Oxford：Pergamon Press，1963：37-51.
[7] RONNER Heinz. Die Architekturabteilung der Elda Techn Hochschule 1957—1968[Z]. ETH-Z，1971：68.
[8] JANSEN Jürg，HANSUELI Jörg，MARAINI Luca，HANSPETER Stöckli. Teaching Architecture：Bernhard Hoesli et the Department of Architecture at the ETH Zurich[M]. ETH-Z，gta，1989.
[9] RZEVSKI George. On the Design of a Design Methodology in Design：Science：Method—Proceedings of the 1980 Design Research Society Conference[M]. Guildford：Westbury House，1981：6-17.

中国建筑留学生在宾大

中国留学生在宾大建筑专业所从事的学习过程，与巴黎美术学院的内容较为近似。在四年的学习过程中，学生被分配到各个图房之中，接受曾经在巴黎美术学院受过专业训练的职业建筑师的具体指导。中国留学生由于在国内大多已经接受过系统性教育，以此学制大为缩短，有的甚至在三年内完成本科与硕士的课程。他们在较短的时间内，具备画法几何、建筑制图的基本技能，掌握建筑结构与构造技术的设计方法，熟练地将各种理论知识应用于具体的建筑设计操作中。

毕业照，1928年。后排左二：童寯。摄于美术图书馆入口台阶处
资料来源：童寯家属

在宾大学建筑

童寯宾夕法尼亚大学建筑硕士学位证书，1928年
资料来源：童寯家属

哈雄文宾夕法尼亚大学美术本科学位证书，1932年
资料来源：哈雄文家属

杨廷宝毕业照
资料来源：杨廷宝家属

童寯毕业照，"寄父母 大学卒业日，1928 年 2 月 15 日照于费城"
资料来源：童寯家属

林徽因毕业照，"来自中国北京的林徽因获得宾夕法尼亚大学美术学士学位荣誉"，1927 年 2 月 24 日《周间画报》
资料来源：宾夕法尼亚大学校档案馆（University Archives，University of Pennsylvania）

1922届宾夕法尼亚大学建筑学会会员（前排左三：朱彬）
资料来源：1922年《宾夕法尼亚大学毕业纪念册》（*The Record*，1922）

1923届宾夕法尼亚大学建筑学会会员（第二排右二：赵深）
资料来源：1923年《宾夕法尼亚大学毕业纪念册》（*The Record*，1923）

1924 届宾夕法尼亚大学毕业纪念册编委合影（后排右一：杨廷宝，美术编辑）
资料来源：1924 年《宾夕法尼亚大学毕业纪念册》（*The Record*，1924）

1926 届校合唱团成员合影。前排左一：陈植
资料来源：1926 年《宾夕法尼亚大学毕业纪念册》（*The Record*，1926）

1924年费城中国学生会合影（第二排左六：陈植；后排右四：杨廷宝）
资料来源：1924年《宾夕法尼亚大学毕业纪念册》（The Record, 1924）

1925年费城中国学生会合影（第一排左七：杨廷宝，会长；第二排右二：李扬安，财务；第一排左六：陈植，主管）
资料来源：1925年《宾夕法尼亚大学毕业纪念册》（The Record, 1925）

112

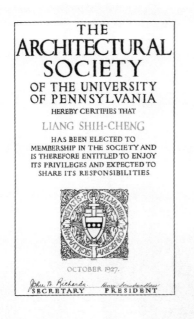

梁思成宾夕法尼亚大学建筑学会会员证明
资料来源：梁思成家属

童寯宾夕法尼亚大学建筑学会会员证明
资料来源：童寯家属

梁思成 Tau Sigma Deita（ΤΣΔ）建筑与相关艺术荣誉联谊会宾夕法尼亚大学 Epsilon 分会会员证明
资料来源：梁思成家属

Tau Sigma Deita（ΤΣΔ）建筑荣誉兄弟会
1922 年成员名单（第二排：朱彬）
资料来源：1922 年《宾夕法尼亚大学毕业纪念册》
（The Record，1922）

宾夕法尼亚大学同窗留影。左：童寯；中：过元熙；右：陈植。1926年
资料来源：童寯家属

海登楼的建筑系大绘图教室的合照，1920年代。杨廷宝（右一）
资料来源：杨廷宝家属

杨廷宝在学生宿舍庭院，1921年
资料来源：杨廷宝家属

宾大中国留学生合影，1920年代。林徽因（左二）；陈植（右一）
资料来源：陈植家属

宾夕法尼亚大学中国留学生。陈植（左三）；童寯（右四）
资料来源：童寯家属

古装庆典暨建筑系舞会合影，1926 年
资料来源：宾夕法尼亚大学校档案馆（University Archives，University of Pennsylvania）

拜占庭主题古装庆典暨建筑系舞会合影，1916 年
资料来源：宾夕法尼亚大学校档案馆（University Archives，University of Pennsylvania）

中世纪主题古装庆典暨建筑系舞会合影，童寯身着中式服装站在右侧人群中，1927 年
资料来源：宾夕法尼亚大学校档案馆（University Archives，University of Pennsylvania）

宾大的建筑教育

宾大建筑教育认为设计研究是建筑师的重要技能,也是建筑教学中最为重要的一个环节。学生在导师的指导下,需要通过不断的练习来学习如何设计建筑,寻求解决实际问题的方法,以便发挥自身才能,独立应对具体实践所提出的要求。

宾大建筑教育非常强调建筑构造与建筑绘画这两方面的基本功训练,前者需要遵循各种建造原则,后者则影响学生对于形式、色彩和比例关系中的美学判断,它们之间的结合则构成了建筑师的必备品质。宾大建筑教育不仅希望培养一批技术娴熟的绘图匠,同时也希望把学生培养成真正的建筑师,因而十分强调强调艺术与技术并重,认为艺术的各种表现形式,如诗歌、音乐、建筑、绘画与雕塑,构成了一种文化性的整体。

罗马浮雕。童寯,徒手铅笔素描加白墨高光,1927 年
资料来源:童寯家属

宾大的建筑教育

朱彬徒手炭笔素描，罗马浮雕
资料来源：Review of the Department of Architecture [M]. PHILADELPHIA：The Press of the University of Pennsylvania，1922.

杨廷宝徒手铅笔素描，罗马浮雕，1921年
资料来源：杨廷宝家属

蓝色花瓶，杨廷宝，1920 年
资料来源：杨廷宝家属

玫瑰，童寯，1927 年
资料来源：童寯家属

唐代佛像，杨廷宝，1922 年
资料来源：杨廷宝家属

唐三彩，童寯，1926 年
资料来源：童寯家属

费城美术馆夏令营学校，杨廷宝，1923 年
资料来源：杨廷宝家属

宾大的建筑教育

宾大学生宿舍入口，童寯，1927年
资料来源：童寯家属

宾大画室，杨廷宝，1924年
资料来源：杨廷宝家属

123

教学计划

根据教学计划，学生一般在第一年练习建筑制图、实例描摹以及透视绘法；第二年学习与建筑设计相关的建筑历史课程，主要集中在罗马、希腊与文艺复兴建筑，同时也学习古典柱式与作图方法；第三年学习水彩画；第四年学习建筑材料与建筑构造。此外，为了完善知识系统，学生还要学习物理、数学、语言与文学等各类课程。

宾夕法尼亚大学美术学院 1924—1925 学年的四年制建筑学教学大纲

第一学年 / 课程号	学分 第一学期	学分 第二学期	第二学年 / 课程号	学分 第一学期	学分 第二学期
建筑 26:建筑绘图	1	—	建筑 2:建筑设计 II	5	5
建筑 11:徒手画 I	1	—	建筑 13:徒手画 III	1	—
建筑 12:徒手画 II	—	1	建筑 14:徒手画 IV	—	1
建筑 10:建筑要素	1.5	0.5	建筑 42:古典建筑史	1.5	—
建筑 1:建筑设计 I	—	1	建筑 43:中世纪建筑史	—	1.5
建筑 27:画法几何	1.5	1.5	建筑 29:透视学	1	—
建筑 28:阴影	1	—	建筑 32/33:木 / 石或铁构造	1	1
建筑课程总学分	11		建筑课程总学分	18	
英语 1:作文	1	1	英语 2:作文	—	1

第一学年 / 课程号	学分 第一学期	学分 第二学期	第二学年 / 课程号	学分 第一学期	学分 第二学期
英语 40:文学	1	—	英语 42:文学	1	—
英语 30:语言	—	1	法语 4:阅读和作文	1.5	1.5
法语 2:阅读和作文	1.5	1.5	数学 37:微积分	1	—
数学 33:三角几何	2	—	数学 38:微积分	—	1
数学 34:几何分析	—	2	体育或军训 2	0.5	0.5
历史 3:中世纪	1.5	1.5			
体育或军训 1	0.5	0.5			
建筑课程总学分	15		建筑课程总学分	8	
第一学期总学分	26		第二学期总学分	26	

第三学年 / 课程号	学分 第一学期	学分 第二学期	第四学年 / 课程号	学分 第一学期	学分 第二学期
建筑 21:水彩画 I	1	—	建筑 4:建筑设计 IV	8	8
建筑 44:建筑历史	1	1	建筑 16:徒手画(写生)VI	1	1
建筑 3:建筑设计 III	7	5	建筑 23:水彩渲染 III	1	—
建筑 20:装饰史	—	1	建筑 24:水彩渲染 IV	—	1
建筑 15:徒手画 V	—	1	建筑 45:绘画史	0.5	0.5
建筑 22:水彩画 II	—	1	建筑 46:雕塑史	0.5	0.5
建筑 30:建筑力学	2	—	建筑 47:专业实习	0.5	0.5
建筑 31:图解静力学	—	2	建筑 48:特别讲座	0.5	0.5
建筑 32/33:木 / 石或铁构造	1	1	体育或军训 4	0.5	0.5
卫生 1:卫生通论 建筑 34:采暖和通风 建筑 35:给排水	0.5	0.5			
建筑 49:设计理论	0.5	0.5			
体育或军训 3	0.5	0.5			
建筑课程总学分	27		建筑课程总学分	25	

* 注:本课程表由卢永毅教授根据 University of Pennsylvania Bulletin School of Fine Arts, Announcement 整理

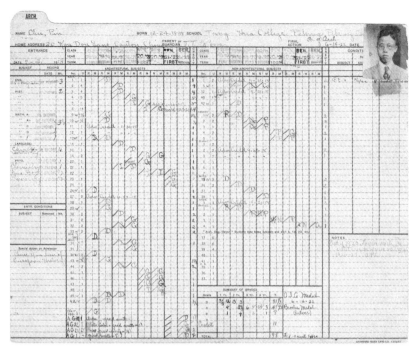

成绩卡：朱彬，1918 年入学，1922 年获得建筑学士学位
资料来源：宾夕法尼亚大学建筑档案（Architectural Archives，University of Pennsylvania）

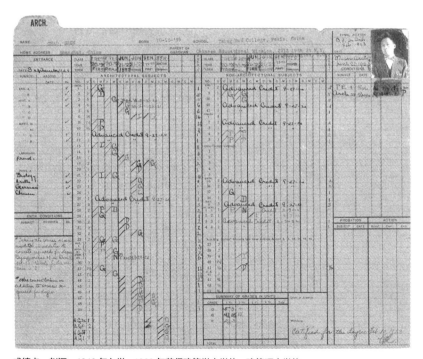

成绩卡：赵深，1919 年入学，1923 年获得建筑学士学位、建筑硕士学位
资料来源：宾夕法尼亚大学建筑档案（Architectural Archives，University of Pennsylvania）

126

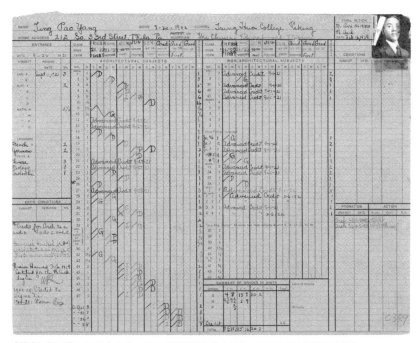

成绩卡：杨廷宝，1921 年入学，1924 年获得建筑学士学位，1925 年获得建筑硕士学位
资料来源：宾夕法尼亚大学建筑档案（Architectural Archives，University of Pennsylvania）

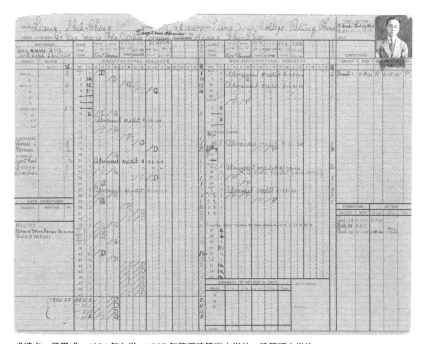

成绩卡：梁思成，1924 年入学，1927 年获得建筑学士学位、建筑硕士学位
资料来源：宾夕法尼亚大学建筑档案（Architectural Archives，University of Pennsylvania）

成绩卡：谭垣，1924 年入学，1929 年获得建筑学士学位，1930 年获得建筑硕士学位
资料来源：宾夕法尼亚大学建筑档案（Architectural Archives，University of Pennsylvania）

成绩卡：童寯，1925 年入学，1928 年获得建筑学士学位、建筑硕士学位
资料来源：宾夕法尼亚大学建筑档案（Architectural Archives，University of Pennsylvania）

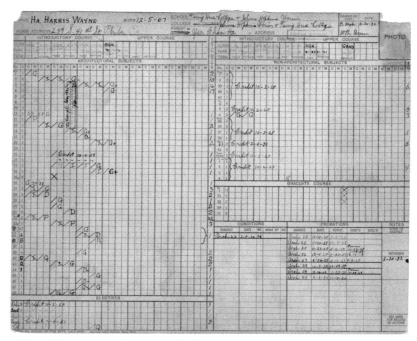

成绩卡：哈雄文，1928 年入学，1932 年获得美术学士学位
资料来源：宾夕法尼亚大学建筑档案（Architectural Archives，University of Pennsylvania）

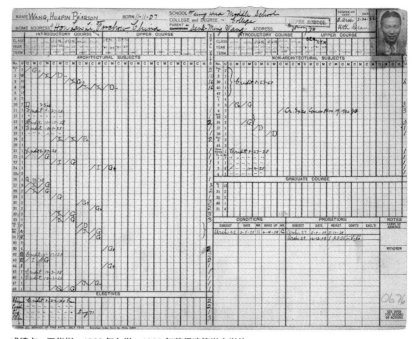

成绩卡：王华彬，1928 年入学，1932 年获得建筑学士学位
资料来源：宾夕法尼亚大学建筑档案（Architectural Archives，University of Pennsylvania）

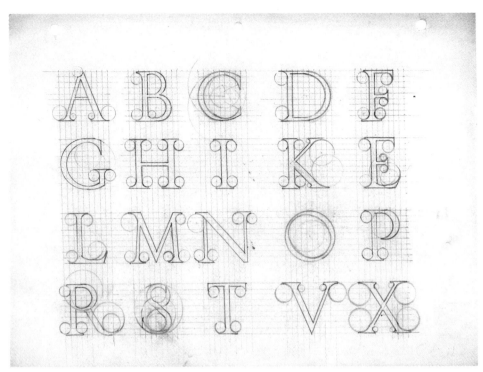

字体练习（一），童寯
资料来源：童寯家属

字体练习（二），童寯
资料来源：童寯家属

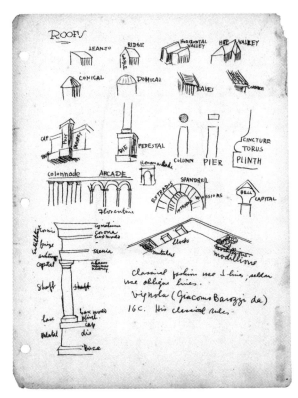

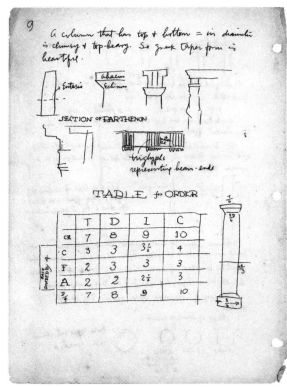

童寯课堂笔记：建筑元素
资料来源：童寯家属

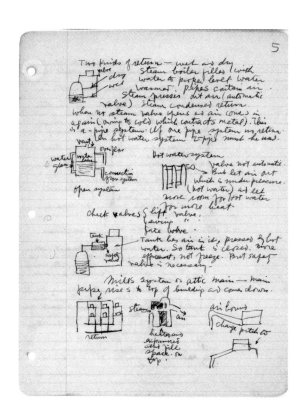

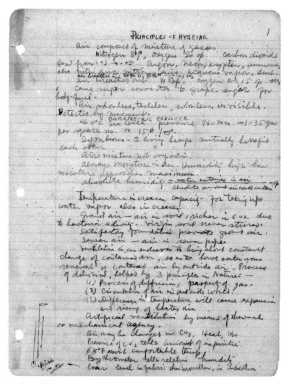

童寯课堂笔记
资料来源：童寯家属

暗面和阴影
一年级作业第 15 号
一年级专题 22

按照 6"=1" 比例绘制塔斯干柱式，求出它所有的暗面和阴影；采用切面法求出在这个圆环面上的明暗交界线；求出当这个底座放置在水平面上时的阴影。作图时采用到的所有辅助线都需要清晰表达出来。
作业绘制使用竖构图。

P. R. 惠特尼
布置日期：1926 年 5 月 6 日
交图日期：1926 年 5 月 13 日

第 22 号求阴影作业要求，1926 年
资料来源：童寯家属

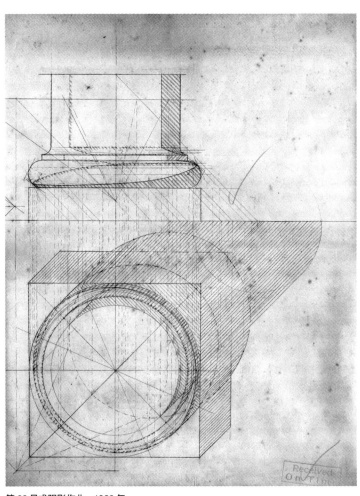

第 22 号求阴影作业，1926 年
资料来源：童寯家属

第 4 号透视作图要求，1926 年
资料来源：童寯家属

一年级专题
阴影和投影
专题四

1. 一条直线的 V proj.（垂直投影线）与 GL（底面）成 45°角，H proj.（水平投影线）与 GL（底面）成 30°角，求这条直线斜交于 d-b-r 的直线轨迹。
2. 一条直线的 V proj. 与 GL 成 60°角，H proj. 与 GL 成 45°角，求这条直线斜交于 d-f-l 的直线轨迹。
3. 绘出两条相交线在这个空间中的 proj.（投影），再绘出一个平面穿过它们时留下的痕迹。
4. 平面上的垂直与水平（V 和 H）轨迹分别与 GL 成 30°角和 45°角，位于该平面的一条直线上的 V proj.（垂直投影线）与 GL 形成 60°角，求这条直线上的 H proj.。
5. 一个平面里的轨迹与 GL 形成 45°角，其中一个点的 H proj. 与 GL 的距离为 1"，求这个点在这个平面里的 V proj.。
6. 一条直线的 V proj. 与 GL 形成 60°角，H proj.（水平投影线）与 GL（底面）形成 45°角，求这直线倾斜于 d-b-l 的直线轨迹。
7. 平面中包含一条倾斜于 d-f-l 的直线和一条倾斜于 d-b-r 的直线，求这个平面的轨迹。
8. 绘制两条平行线在这个空间中的两个 proj.（投影线），再求出一个包含这些直线的平面的轨迹。
9. 一个平面里的垂直 V 和水平 H 的轨迹分别与 GL 形成 60°角和 45°角。假设所有点和线（但不包括这个点）都位于该平面内，当这个平面旋转到 H 时，求出这两者的位置。
10. 一个投射于 d-f-l 的平面里的垂直 V 和水平 H 的轨迹分别与 GL 形成了 30°角和 60°角。在这个平面里，有一条倾斜于 u-b-r 的直线，它的水平投影线 H proj. 与 GL 成 45°角。求出这条直线上其他的投影线 proj.，以及当这个平面旋转到垂直 V 时，该直线的位置。

P. R. 惠特尼

布置日期：1925 年 10 月 22 日
截止日期：1925 年 10 月 29 日

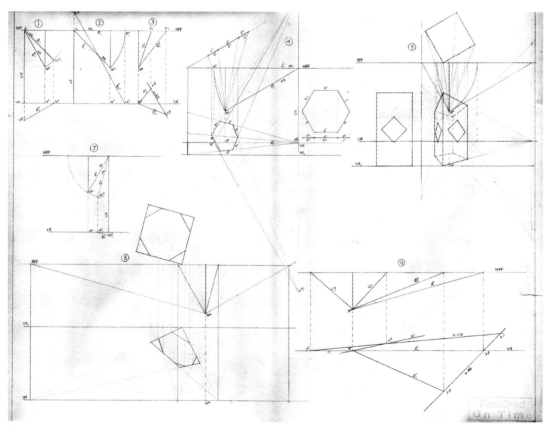

第 4 号透视作图，1926 年
资料来源：童寯家属

134

第 7 号透视作图要求，1926 年
资料来源：童寯家属

透视
专题七

假设 SP 在 PP 前 9-1/2" 的位置，且位于 PP 中 ab 的正前方。
b 点位于距离地平面上方 1-1/2" 的位置。bc 面与 PP 形成 30° 的夹角。在 bc 面和 bd 面上分别至少展现出五个和两个飞檐托模型。
通过"直接分割"的方法在斜接的地方找出除了可以从图中得到的 X 以外的所有点。在这张图上找到飞檐托模型的最末端，这些模型本身通过"直接分割"的方法来求出。
在一张长边处于水平面的纸上进行解题。测量时，使用大于上方给出数值两倍的比例尺。将 VH 放在距离这张纸的中心下方 3" 左右的位置。

P. R. 惠特尼

布置日期：1926 年 3 月 31 日
截止日期：1926 年 4 月 14 日

第 7 号透视作图，1926 年
资料来源：童寯家属

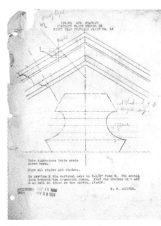

第 23 号求阴影作业要求，1926 年
资料来源：童寯家属

阴影和投影
一年级作业第 16 号
一年级专题 23

将现有图形放大两倍。
求出所有的阴影和投影。
在课题 2 中，垂直轴距离 V 面 5 英寸半。柱基凹线边饰处于两个截锥之间。求出在 V 面和 H 面，以及在凹线边饰上的投影面。

P. R. 惠特尼
布置日期：1926 年 5 月 13 日
交图日期：1926 年 5 月 20 日

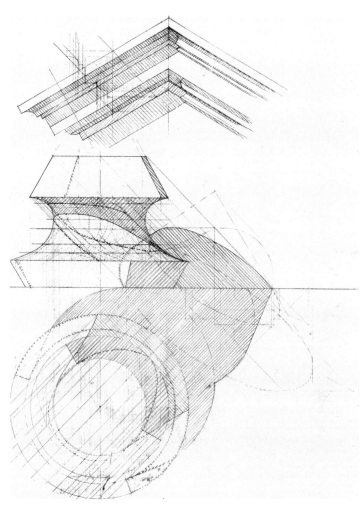

第 23 号求阴影作业，1926 年
资料来源：童寯家属

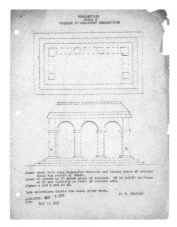

透视图
专题十
单点透视课题

作业竖构图，再将平面定位在纸张的中心位置
一层面距离水平平面下方 2"。SP 在 PP 前方 9-1/2"
的位置，处于中央拱门的正前方。
平面 A 和 B 在 PP 中。
将现有比例尺寸放大两倍。

P. R. 惠特尼
布置日期：1926 年 5 月 5 日
截止日期：1926 年 5 月 12 日

一点透视课题要求，1926 年
资料来源：童寯家属

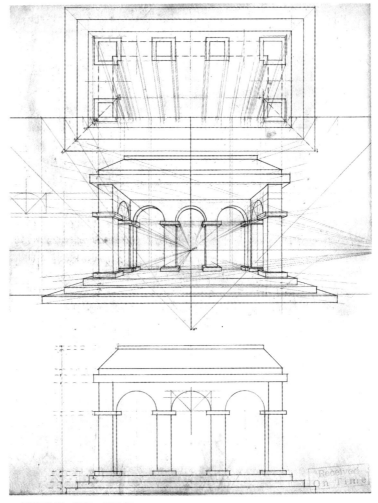

一点透视作图，童寯，1926 年
资料来源：童寯家属

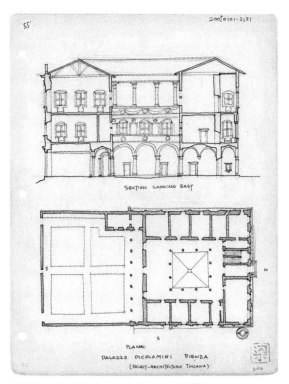

建筑历史作业,梁思成,皮恩扎的皮科洛米尼别墅
资料来源:清华大学建筑学院资料室

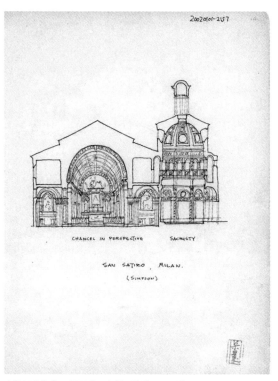

建筑历史作业,梁思成,米兰圣沙弟乐圣母堂
资料来源:清华大学建筑学院资料室

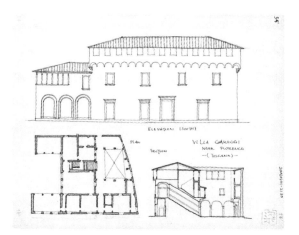

建筑历史作业,梁思成,佛罗伦萨贾拉吉别墅
资料来源:清华大学建筑学院资料室

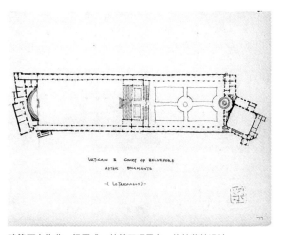

建筑历史作业,梁思成,梵蒂冈观景台,伯拉蒙特设计
资料来源:清华大学建筑学院资料室

建筑历史作业,杨廷宝,康斯坦丁堡圣索菲亚大教堂
资料来源:清华大学建筑学院资料室

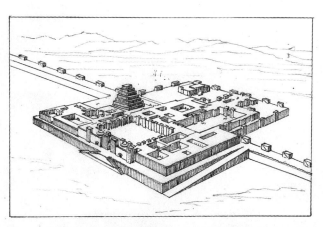

建筑历史作业,杨廷宝,库尔萨巴德的萨尔贡宫殿
资料来源:清华大学建筑学院资料室

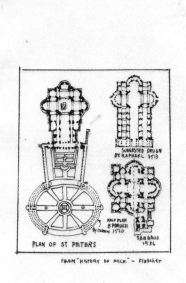

建筑历史作业,杨廷宝,圣彼得大教堂平面
资料来源:清华大学建筑学院资料室

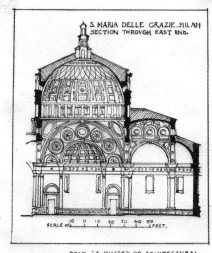

建筑历史作业,杨廷宝,米兰格拉西圣母堂
资料来源:清华大学建筑学院资料室

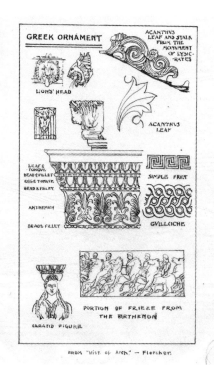

建筑历史作业,杨廷宝,希腊装饰
资料来源:清华大学建筑学院资料室

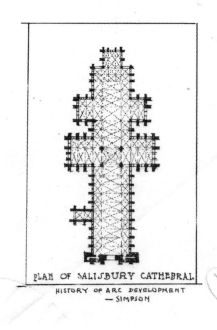

建筑历史作业,杨廷宝,索尔兹伯里主教堂平面
资料来源:清华大学建筑学院资料室

建筑构造课程作业的一般要求,1926 年
资料来源:童寯家属

纸张:本课程作业要求使用惠特曼热压纸(Whatman's Hot-Pressed),尺寸为 9"*12",页边距 1/2"。

墨水:所有绘图均须使用未稀释的黑色墨水,除非材料说明认为在这些材料上更适合使用稀释墨水。不要使用有色墨水或水彩晕染。

名称:名称、图版号以及日期都需要工整地写在右下角(图框内),作业使用竖构图。

绘图技巧:需要特别重视绘图技巧。可以在 Knobloch, and Snyder's Details 的《优秀构造实践》中可以找到很好的绘图范例。学生需要认真研究这些范图,包括线条变化、内容布局、字体位置和大小等方面。

参考文献:对于从未有此类绘图经验的学生而言,参考一些权威性的样板显然是有必要的。推荐以下参考书:Knobloch, and Snyder's Details 的《优秀构造实践》(可在图书馆中找到),Kidder 的各种书籍和 Voss and Henry 的《建筑结构》。前两个参考文献以出色的绘图技巧著称。参考书目不限以上,可以参考建筑师工作室绘制的图纸。如果发现有必要绘制未被提及的细部,或者有必要改变指定的方法或构造类型,在向负责教员申请后方可修改。一旦完成绘制,将不予修改。只有重新绘制图纸和仔细观察已完成的工作,才能让学生彻底熟悉各种类型的细节和结构。这些图版只作为主题介绍,学生不要进行更多复制。在制图前需要认真研究所需绘制的细部,不要画任何没有完全理解的东西。严禁描摹。学年中所有的小测验都与这些图版有关。

评图:本课程指导老师到绘图室进行指导,鼓励学生随时向他们提出需求。学生必须在美术学院大楼内独立绘制自己的图纸。

交图日期:在题目发布到截止日期之间,学生均可提交作业。晚于截止日期,学生将不能获得该课程的全额学分,并且可能被留校察看。

在校期间未完成作业,须退修该课程。作业成果须在截止日期前提交。除非病假,否则不予延期。

1926 年 10 月   哈利·帕克

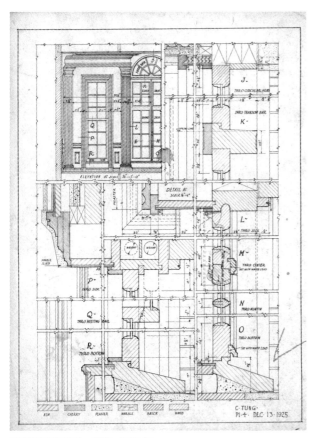

建筑构造课程作业,童寯,1925 年
资料来源:童寯家属

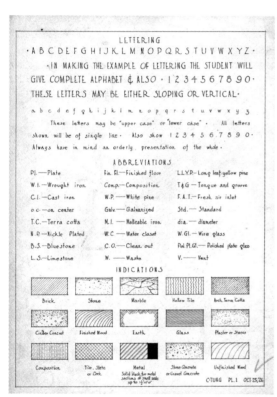

字体、符号、图例等练习,童寯,1927年
资料来源:童寯家属

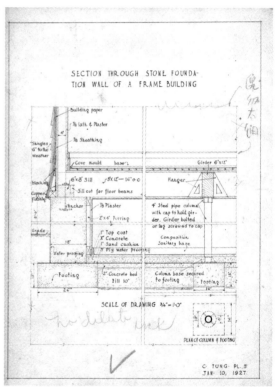

房屋石质基础剖面图,童寯,建筑构造课程作业,1927年
资料来源:童寯家属

宾大的建筑教育

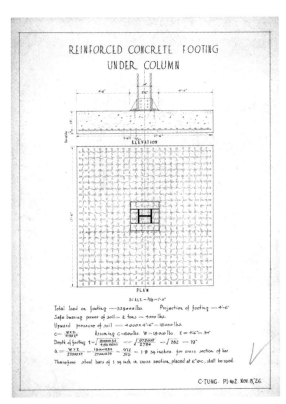

建筑构造课程作业,童寯,柱下钢筋混凝土基脚,1926年(下)
资料来源:童寯家属

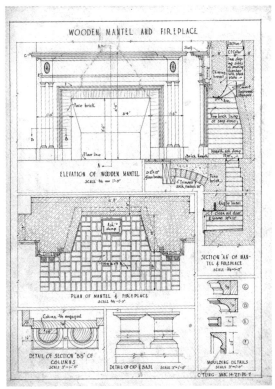

建筑构造课程作业,童寯,木制壁炉台与壁炉,1927年
资料来源:童寯家属

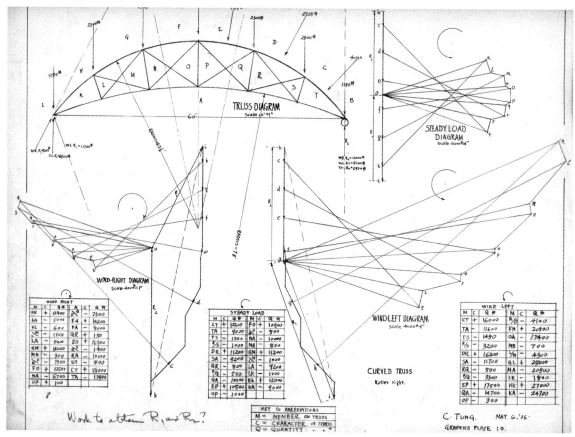

图解力学作业——桁架受力分析图（一），童寯，1926 年
资料来源：童寯家属

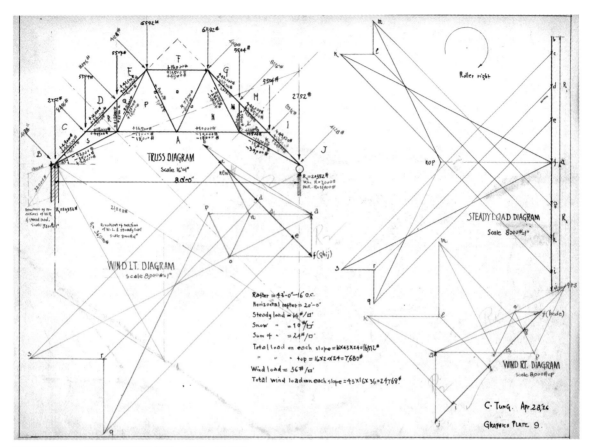

图解力学作业——桁架受力分析图（二），童寯，1926 年
资料来源：童寯家属

建筑设计课程体系

设计分析课题

设计分析课题是关于建筑学的基本知识与技能的学习,包括如何绘制构思草图、如何准备首次评图、设立工作时间表、从事古典柱式练习、使用历史文献、排布设计图面、描绘正式设计稿,以及绘制渲染图。

III 级设计课题(Design GR III),约翰·莱恩·埃文斯(John L. Evans),1921 年
资料来源:宾夕法尼亚大学建筑档案(Architectural Archives, University of Pennsylvania)

D 级设计课题问题 2(Grad D-Problem 2),贝蒂·雷·伯恩海默(Betty Ray Bernheimer)
资料来源:宾夕法尼亚大学建筑档案(Architectural Archives, University of Pennsylvania)

花园主题（A Garden Motif），童寯，本科二年级设计题目
资料来源：University of Pennsylvania. School of Fine Arts：Architecture[M]. Philadelphia：Press of the University of Pennsylvania, late 1920s.

B级设计作业要求，"花园主题"，1926年
资料来源：童寯家属

设计二
课题8
1926年4月26日

花园小品
四根装饰性很强的罗马柱，高12″英寸，为多立克柱式，由珍稀大理石制成，纹路优美，装饰性很强，已经成为珍贵藏品。现在，这四根柱子的收藏者打算用它们在乡村庄园修建一座小花园，并以这些柱式作为这座小花园里的中心标志物。花园尺寸约为125′×75′，沿主轴线有缓坡。
可以采用任何形式完成这一设计，只要设计者认为合适，台阶、栏杆等必要的附属物都可以包括在内。这位收藏者并不希望这些柱子只用于支撑一个门廊。此外，这座花园应当具有一个合理布局，彰显它与"景观"或者其他可能与该场所在自然意趣方面的关联。

绘图要求：
1. 中心标志构筑物的立面图，1/2″=1′。
2. 显示中心标志构筑物和花园关系的剖面，1/8″=1′。
3. 花园和中心标志构筑物的平面，1/8″=1′。

交图日期：5月15日（星期六）下午5点　　　　　　　　　亨利·G·玛索

宾大的建筑教育

147

古建测绘

古建测绘是关于历史建筑的渲染练习和测绘练习，学生可以自由选择表达和测绘对象，从另外一种角度进行渲染技法、设计立意和建筑构图等方面训练，也是比文献阅读更为深化的历史建筑学习。

14 世纪法国住宅（A House of the Fourteenth Century in France），古建测绘
资料来源：John Harbeson. The Study of Architectural Design：With Special Reference to the Program of the Beaux-Arts Institute of Design[M]. New York：The Pencil Points Press，Inc.，1927.

古建测绘——法国哥特修道院（Archaeology Problem：A French Gothic Cloister），约翰·莱恩·埃文斯（J. L. Evans）
资料来源：宾夕法尼亚大学建筑档案
（University Archives，University of Pennsylvania）

古建设计——一个早期的基督教堂（Archaeology Problem：An Early Christian Church），诺曼·莱斯（Norman N. Rice）
资料来源：宾夕法尼亚大学建筑档案
（University Archives，University of Pennsylvania）

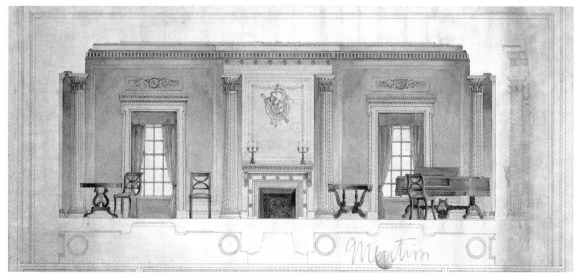

古建测绘——希腊复兴风格的沙龙（Archaeology Problem：A Salon in the Style of the Greek Revival），约翰·莱恩·埃文斯（J. L. Evans），克瑞图房（Atelier Cret）
资料来源：宾夕法尼亚大学建筑档案（Architectural Archives，University of Pennsylvania）

B 级课题

B 级课题是学习建筑设计的核心内容,包括分解与构成、建筑平面设计。这一阶段是在很好掌握了基础知识、基本技能和设计步骤之后的深化学习,从各种建筑要素到建筑整体布局、外观立面等方面,进行更为综合、全面的设计能力训练。

B 级课题——大学图书馆(Grade B Problem:A College Library),贝蒂·雷·伯恩海默(Betty Ray Bernheimer)
资料来源:宾夕法尼亚大学建筑档案(Architectural Archives,University of Pennsylvania)

150

宾大的建筑教育

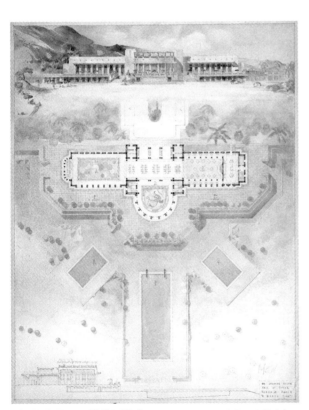

B 级课题问题 5——沙滩俱乐部（Class B Problem V：A Beach Club），威廉·斯蒂芬·艾伦（W. S. Allen）
资料来源：宾夕法尼亚大学建筑档案（Architectural Archives, University of Pennsylvania）

C 级课题问题 3——一个小图书馆（Grade C Problem III：A Small Library），威廉·斯蒂芬·艾伦（W. S. Allen）
资料来源：宾夕法尼亚大学建筑档案（Architectural Archives, University of Pennsylvania）

A级课题

A级课题是更高层次的学习,其中包括带有复杂功能的平面设计、"非对称"平面设计、规划设计、建成建筑的"马赛克"分析、A级课题装饰课题,并且学习能否参加设计竞赛的制图方法。除此之外,学习中还有一个重要环节就是在教学图房中给低年级学生评图。

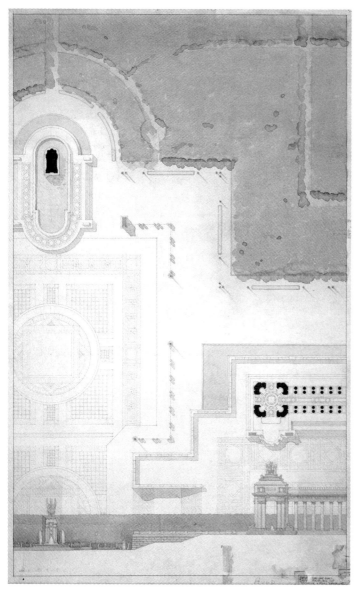

A级课题——水门设计(Class A Problem: A Water Gate),
约翰·莱恩·埃文斯(J. L. Evans)
资料来源:宾夕法尼亚大学建筑档案(Architectural Archives, University of Pennsylvania)

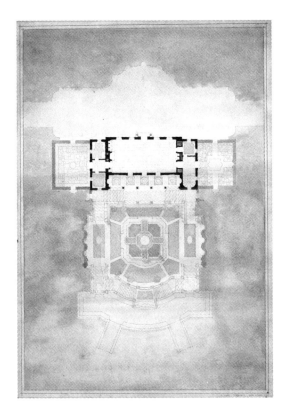

高年级设计——小俱乐部设计（Grade V Design A Casino），约翰·莱恩·埃文斯（J. L. Evans）
资料来源：宾夕法尼亚大学建筑档案（Architectural Archives，University of Pennsylvania）

A 级课题——大厅设计（Class A：A Staircase Hall），杰拉尔德·K·格林斯（Gerald K Glerlings）
资料来源：宾夕法尼亚大学建筑档案（Architectural Archives，University of Pennsylvania）

A 级课题——公共图书馆（Class A：A Public Library），约翰·莱恩·埃文斯（J. L. Evans）
资料来源：宾夕法尼亚大学建筑档案（Architectural Archives，University of Pennsylvania）

中国留学生的学业成就

在以巴黎美术学院为背景的美国建筑教育体系中,衡量建筑教育水平的一项重要指标就是学生在各种设计竞赛中所获得的奖项。来自中国的留学生在这一竞争激励的教育体系中屡获佳绩。第一位来到宾大建筑系的朱彬,在三年级就在由"布扎设计协会"(Beaux-Arts Institute of Design)所组织的全美大学生竞赛中,从数百名参赛者中脱颖而出,获得二等奖。在获奖感言中他曾言:"随着西方科学越来越多地被引入中国,再加上中国式的构思和表达,将会使得中国建筑更加卓越。"在朱彬之后,杨廷宝、童寯、梁思成、陈植、过元熙、吴景奇、王华彬等,也在全美以及宾州的各类建筑设计竞赛中频传捷报,显示出极强的学习能力和竞争实力。与此同时,中国留学生也活跃于各种学术领域与社会领域,展现其多才多艺的非凡天赋。

李扬安，英国宴会大厅（An English Banquet Hall），高/低年级古建测绘 V，布扎设计协会二等奖，1927 年
资料来源：The Bulletin of the Beaux-Arts Institute of Design [J]. 1927, 3（9）.

杨廷宝，法国哥特式修道院（An French Gothic Cloister），高/低年级古建设计Ⅲ，布扎设计协会二等奖，1925年
资料来源：The Bulletin of the Beaux-Arts Institute of Design[J]. 1925, 1（5）.

杨廷宝,教堂隔屏(A Chapel Screen),艾默生竞赛获奖作品,1924 年
资料来源:University of Pennsylvania, School of Fine Arts:Architecture[M]. Philadelphia:Press of the University of Pennsylvania, Late 1920s.

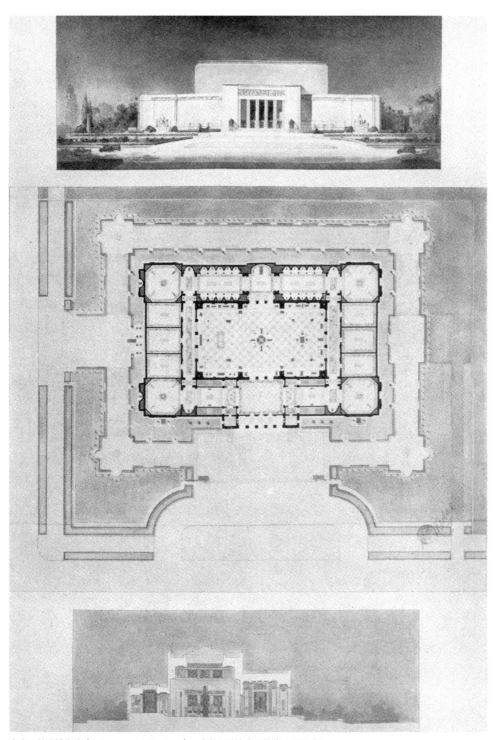

童寯，美术博物馆（A Museum of Fine Arts），布扎设计协会二等奖，1927 年
资料来源：The Bulletin of the Beaux-Arts Institute of Design[J].1928，4（3）.

李扬安，美术博物馆（A Museum of Fine Arts），布扎设计协会二等奖，1927 年
资料来源：The Bulletin of the Beaux-Arts Institute of Design[J]. 1928, 4（3）.

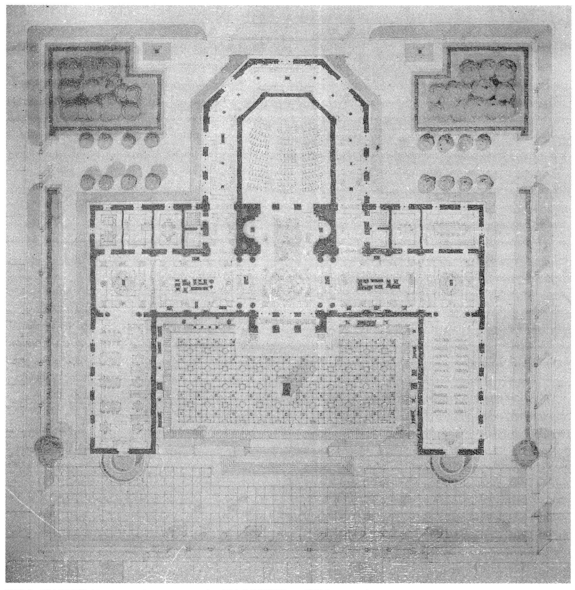

梁思成，考古研究所（An Archaeological Institute），研究生设计课题，一类提名，1926年
资料来源：The Pennsylvania Triangle[J]. 1927, 10（4）.

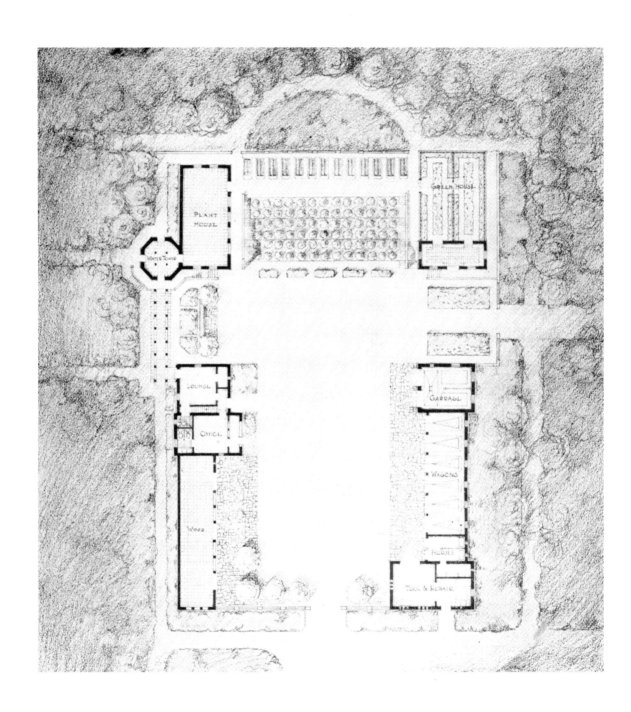

朱彬，农庄（A Farm Group），五年级设计作业，一类提名，1920 年
资料来源：Review of the Department of Architecture[M]. Philadelphia：The Press of the University of Pennsylvania，1922.

陈植，市政厅沿帕克大道立面处理（Treatment of City Hall on the Axis of the Parkway），沃特·柯浦纪念竞赛一等奖，1927 年
资料来源：University of Pennsylvania, School of Fine Arts：Architecture[M]. Philadelphia：Press of the University of Pennsylvania，Late 1927s.

中国留学生的学业成就

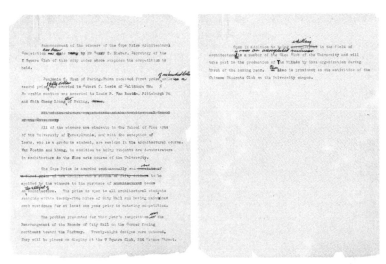

"柯浦纪念设计竞赛获奖揭晓"新闻草稿，1926年
资料来源：宾夕法尼亚大学建筑档案（Architectural Archives，University of Pennsylvania）

柯浦纪念设计竞赛获奖揭晓

柯浦纪念设计竞赛在丁字尺俱乐部（T Square Club）秘书亨利·C. 瑞博（Henry C. Rieber）先生的赞助下设立。

来自中国北平的陈植获得一等奖，来自马里兰州巴尔的摩的 Robert C. Lewis 获得二等奖，来自美国宾夕法尼亚州匹兹堡的 Louis R. Van Rootin 和来自中国北平的梁思成获得了荣誉奖。

以上获奖者均来自宾大美术学院，其中 Lewis 是建筑学专业的研究生。Van Rootin 和梁思成除了学生身份外，还是宾大美术学院建筑教学示教员。

柯浦纪念设计竞赛每半年举办一次，设一等奖（奖金 100 美元）和二等奖（奖金 50 美元），获奖者可用奖金购买建筑书籍。所有的建筑专业学生，只要在市政厅周围 25 英里以内居住满一年，均可参赛。

今年的竞赛题目是针对市政厅临帕克大街（Parkway）的北立面进行改造，其中有 28 个设计方案入选。这些方案将在普林斯（Prince）大街 224 号的丁字尺俱乐部展出。

除学习建筑外，陈植还是宾大合唱俱乐部（Glee Club）的会员，并将在来年 3 月参加该组织的《天皇》演出。他在宾大中国留学生俱乐部的活动中表现突出。

童寯，新教教堂（A Protestant Church），高年级设计题目 III，布扎设计协会一等奖，1928 年
资料来源：The Bulletin of the Beaux-Arts Institute of Design[J]. 1928，4（5）.

新闻稿,宾夕法尼亚大学宣传部,1928 年
资料来源:宾夕法尼亚大学建筑档案(Architectural Archives,University of Pennsylvania)

宾大的学生获得布扎设计学院全国赛 17 块奖牌中的 5 块

据今天发布的消息,宾大美术学院建筑系的学生在由纽约布扎设计学院举办的第三届全国竞赛中获得一等奖,获得 17 块奖牌中的 5 块。

竞赛共收到全美建筑专业学生所提交的近 300 件设计作品,这些学生都接受过必要的建筑培训。宾大的学生收获了 1 个一等奖(一共有 4 人获得一等奖)和 4 个二等奖(一共有 13 人获得二等奖)。在所有参赛的学生中,宾大学生的表现最为突出。

童寯是一名来自中国沈阳的留学生,在近期的期中评论练习中,他提交了建筑专业的毕业作品,并因此获得了宾夕法尼亚州的一等奖。

其他 4 个二等奖获得者分别是来自宾夕法尼亚州南 57 街 1803 号的 Jefferson R. Carroll, Jr.,Clarenoe W. Jahn,来自威斯康星州的 Fond du Lac,来自爱荷华州得梅因的 Laurence C. Woolmon,以及来自南达科他州米切尔城的 Clarence B. Litchfield。

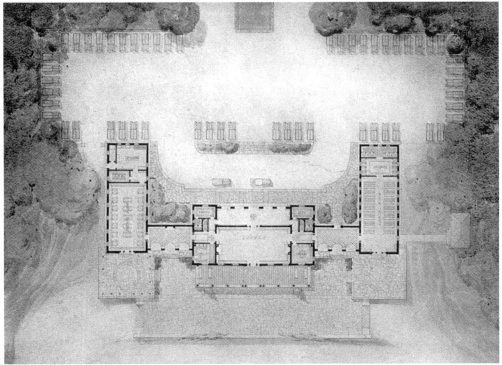

杨廷宝，郊野俱乐部（A Country Club），高年级设计题目 I，布扎设计协会一等提名，1924 年
资料来源：The Bulletin of the Beaux-Arts Institute of Design[J]. 1924，1（1）.

杨廷宝,孤儿院(An Orphanage),沃伦奖设计竞赛,一等奖,1924年
资料来源:The Bulletin of the Beaux-Arts Institute of Design[J]. 1924, 1(2).

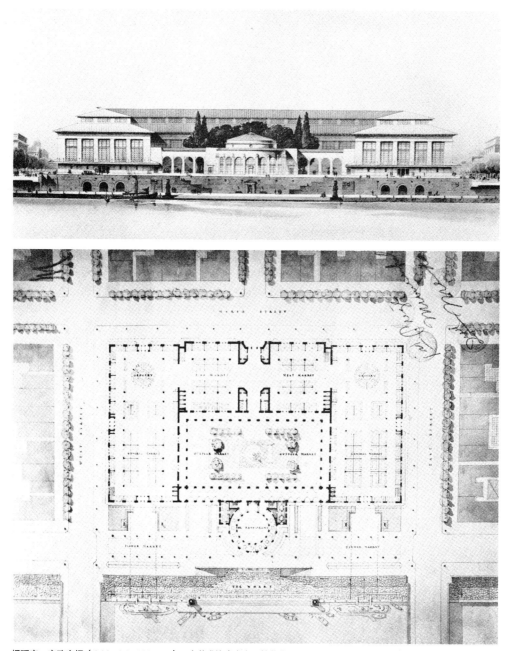

杨廷宝，市政市场（A Municipal Market），市艺术协会竞赛一等奖作品，1924年
资料来源：John Harbeson. The Study of Architectural Design：With Special Reference to the Program of the Beaux-Arts Institute of Design[M]. New York：The Pencil Points Press，Inc.，1927：180

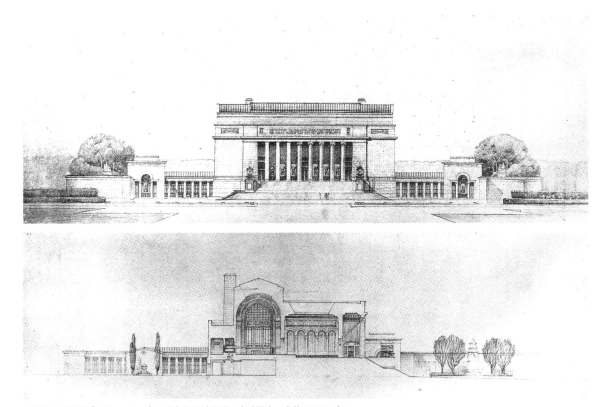

杨廷宝，殡仪馆（A Crematory），高年级设计题目，克瑞图房，大约于 1924 年
资料来源：John Harbeson. The Study of Architectural Design：With Special Reference to the Program of the Beaux-Arts Institute of Design[M]. New York：The Pencil Points Press，Inc.，1927：295

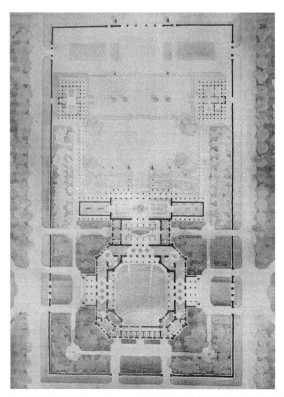

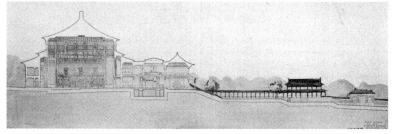

梁思成，纪念讲堂（A Memorial Auditorium），研究生设计题目 No.3，一类提名，1926—1927 年
资料来源：The Pennsylvania Triangle，1927，10（5）.

中国留学生的学业成就

梁思成，立面设计（Treatment of Facade），约翰·斯图尔森纪念奖学金竞赛获奖作品，1926 年
资料来源：University of Pennsylvania, School of Fine Arts：Architecture [M]. Philadelphia：Press of the University of Pennsylvania, late 1920s.

过元熙,共济会教堂(A Masonic Temple),高年级设计题目 IV,布扎设计协会二等奖,1929 年
资料来源:The Bulletin of the Beaux-Arts Institute of Design[J]. 1929, 4(27).

王华彬，大学图书馆（A College Library），一类提名
资料来源：宾夕法尼亚大学建筑档案（Architectural Archives，University of Pennsylvania）

童寯，水彩（Water Color），宾夕法尼亚大学建筑学会绘图竞赛，二等奖，1928 年
资料来源：The Pennsylvania Triangle，1928，11（4）.

归国
贡献

现代建筑学科的发展

如何建立现代意义的中国建筑学科与建筑职业体系，如何采用现代知识体系来梳理中国营造，这些议题是第一代中国建筑师和建筑学者所面临的时代命题与历史使命，毕业于宾夕法尼亚大学的中国建筑学人在其中发挥了奠基性的作用。他们的影响遍及中国现代建筑学科发展的各种领域。他们不仅在建筑理论、设计思想与建筑评论等方面，对中国现代建筑的发展之路进行了深刻的思考与探讨，而且在历史保护与建筑修缮、城市理论与都市建设等领域从事了大量的实践性工作，开拓了中国现代建筑学科的发展之路。

1959年上海"住宅建筑标准及建筑艺术座谈会"合影。前排右起：刘秀峰、杨廷宝、梁思成、刘敦桢；后排左起：杨春茂、王唐文、余森文、戴念慈
资料来源：汪之力摄，中国建筑学会资料室

现代建筑学科的发展

中国建筑师学会全体会员合影，1933 年
资料来源：中国建筑，1931，1（1）.

發刊詞
赵深

建築之良窳。可以觇國度之文野。太古之世。狉狉獉獉。其人皆穴居而野處。無建築之可言也。游牧之民族。帳幕隨水草而轉移。亦無建築之可言也。數千年以前。東西建築之見於紀載者。中國之萬里長城。與埃及之金字塔。及司芬克斯耳。若夫秦之阿房宮。隋之迷樓。雖皆窮工極巧。然咸陽一炬。廣陵大火。固已皆泯焉盡焉。無復綫留餘跡。足供後人憑吊矣。

近世物質文明。長足進步。超邁前古。故建築之進步。亦超邁前古。有清一代。宮殿園陵建築之多。一如漢唐之世。北平樣子雷之模型。且爲東西建築專家所推許。而爭相購致。以資研究焉。其技術之價值。於此可以想見。

惟自漢以後之中國文章。重於技巧。工師擯於通儒。列爲九流。號稱宗匠。清鼎革後。地位稍高。顧社會猶於積習。獨未能盡知建築之重要。與建築師之高尚也。自總理陵園。上海市政府新屋等徵求圖樣以後。社會一般人士。始憬然知世尚建築學與建築師之地位。而稍稍加以注意矣。然在物質文明落後之中國。是特建築界一綫之曙光耳。發揚光大。責在同人之共

— 1 —

同努力。不容諉卻也。惟念灌輸建築學識。探研建築學問。非從廣譯東西建築書報不爲功。因合同人之力。而有中國建築雜誌之輯。凡中國歷史上有名之建築物。毋論其爲宮殿，陵寢，城堡，浮屠，庵觀，寺院。苟有遺跡可尋者。必須竭力搜訪以資探討。此其一。國內外專門家關於建築之作品。苟願公佈。極所歡迎。取資觀摩。絕無門戶。此其二。西洋近代關於建築之學術。日有進步。擇尤譯述。借功他山。此其三。國內大學建築科肄業諸君。學有深造。必多心得。選其最優者。酌爲披露。以資鼓勵。此其四。而融合東西建築學之特長。以發揚吾國建築物固有之色彩。尤爲本雜誌所負最大之使命。關於建築學上所用之專門名詞。在吾國本尚付諸闕如。爲便於查對起見。不能不酌加西文註入。以免誤會。若夫敘事說理。力求通達。不尙詞藻。凡此區區徵忱。要爲盡力於本刊之使命而然。至於體例內容。則負責編輯諸君任之。茲不贅述焉。

— 2 —

范文照，中国建筑师学会缘起
资料来源：中国建筑，1931，创刊号.

中国建筑师学会会员证，童寯，1931 年
资料来源：童寯家属

现代建筑学科的发展

范文照代表中国参加"国际市区房屋设计第 14 届联合会议"及罗马国际建筑师大会，1936 年
资料来源：范文照. 欧游感想 [J]. 中国建筑，1936（24）.

杨廷宝在阿卡汗建筑奖第六次国际学术讨论会开幕式上致词，1981年
资料来源：中国建筑学会资料室

梁思成（左三）、杨廷宝（左四）等中国代表团成员与国际建筑师协会和古巴建筑师协会负责人会面，1963年
资料来源：中国建筑学会资料室

梁思成（左四）参加联合国总部设计讨论方案，1944 年
资料来源：The United Nations Archives

杨廷宝（右一）随国民政府资源委员会组团出国访问美、加、英三国期间，代表团在美国留影，1944 年
资料来源：杨廷宝家属

梁思成在正定隆兴寺转轮藏殿檐下，1933 年
资料来源：中国营造学社纪念馆

林徽因在陕西耀县药王庙，1937 年
资料来源：中国营造学社纪念馆

现代建筑学科的发展

梁思成、林徽因,北京天坛祈年殿屋顶,1935 年
资料来源:中国营造学社纪念馆

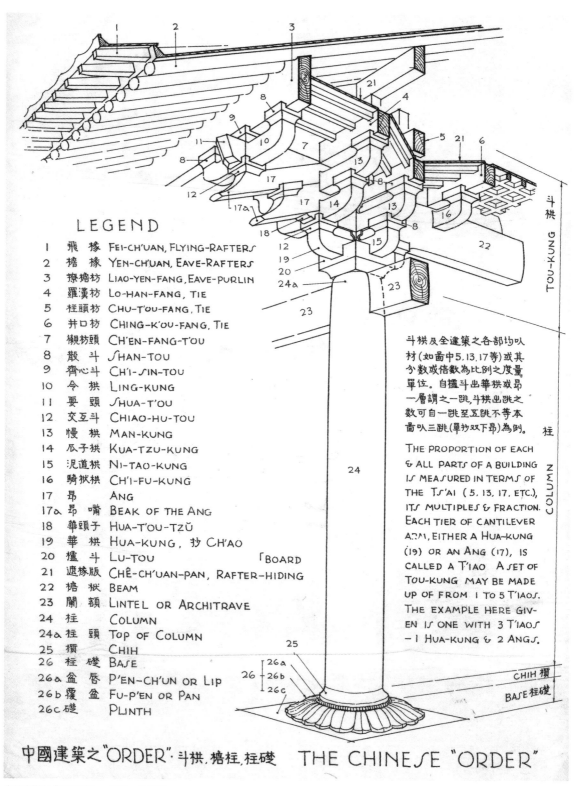

中国建筑之"ORDER"，1930—40年代
资料来源：Liang, Sicheng, Wilma Fairbank. Chinese architecture: a pictorial history[M]. Mineola, NY: Dover Publications, 2005.

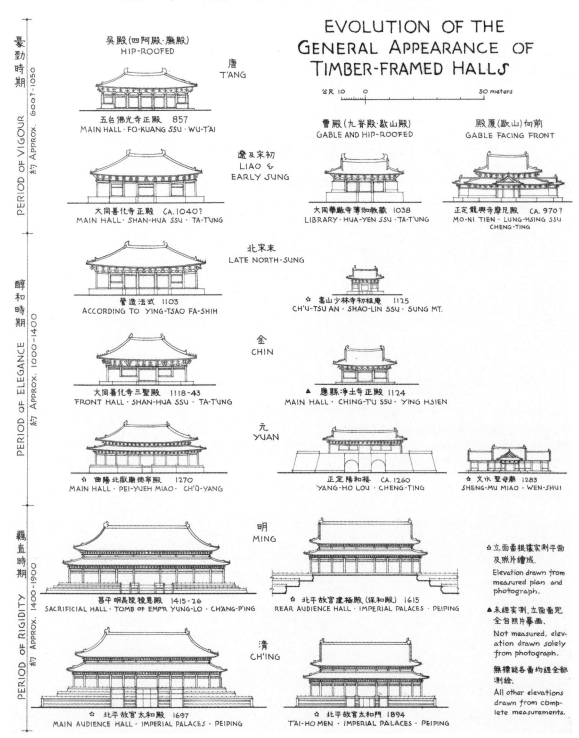

历代木构殿堂外观演变图,梁思成,1930—40年代

资料来源:Liang, Sicheng, Wilma Fairbank. Chinese architecture:a pictorial history[M]. Mineola, NY:Dover Publications,2005.

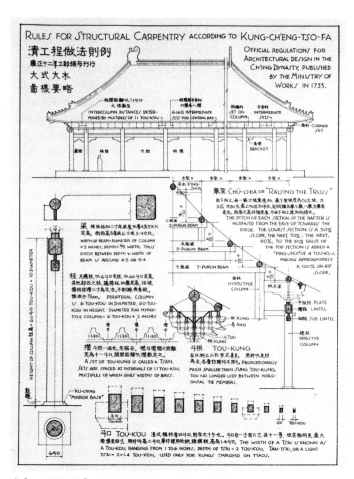

清《工程做法则例》大式大木图样要略，1930—40 年代
资料来源：Liang, Sicheng, Wilma Fairbank. Chinese architecture：a pictorial history[M]. Mineola, NY：Dover Publications, 2005.

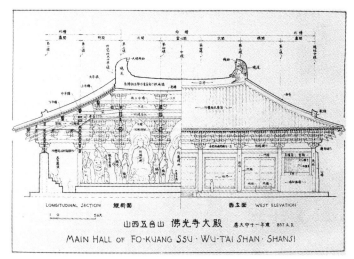

佛光寺大殿纵剖面和西立面，1930—40 年代
资料来源：Liang, Sicheng, Wilma Fairbank. Chinese architecture：a pictorial history[M]. Mineola, NY：Dover Publications, 2005.

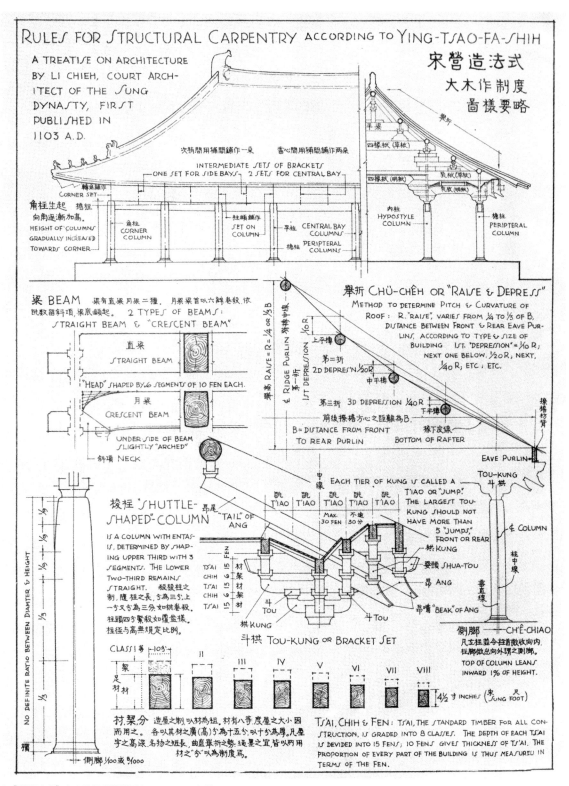

宋《营造法式》大木作制度图样要略，1930—40年代
资料来源：Liang, Sicheng, Wilma Fairbank. Chinese architecture: a pictorial history[M]. Mineola, NY: Dover Publications, 2005.

杨廷宝（左三）等，北京皇穹宇修缮验收，1935 年
资料来源：杨廷宝家属

杨廷宝,北京天坛祈年殿修缮工地,1932—1935年
资料来源:杨廷宝家属

《新中国都市计划的原则》，哈雄文
资料来源：市政评论，1947，9（1）.

《都市发展与都市计划》，哈雄文
资料来源：市政建设，1948，1（1）.

现代建筑学科的发展

北京城墙的新任务，梁思成，1950 年
资料来源：梁思成. 关于北京城墙存废问题的讨论 [J]. 新建设，1950，2（6）.

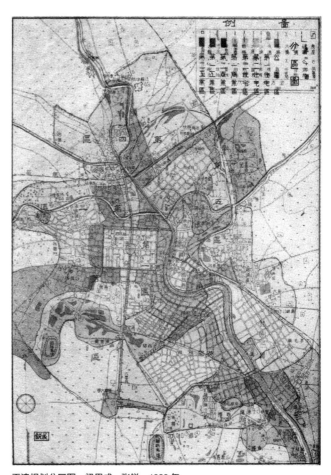

天津规划分区图，梁思成、张锐，1930 年
资料来源：梁思成，张锐. 城市设计实用手册 [M]. 1930.

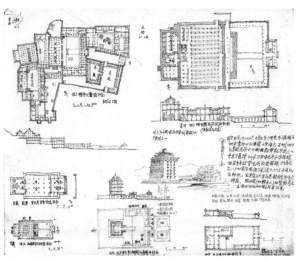

藏区经院建筑研究,童寯,1950 年代
资料来源:童寯家属

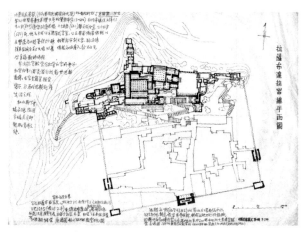

布达拉宫总平面,童寯,1950 年代
资料来源:童寯家属

拉达克地区提克西寺,童寯,1950 年代
资料来源:童寯家属

现代建筑学科的发展

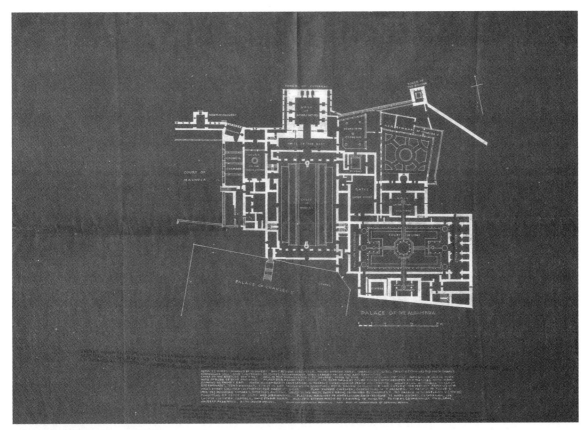

阿尔罕布达拉宫平面图，1970年代
资料来源：童寯家属

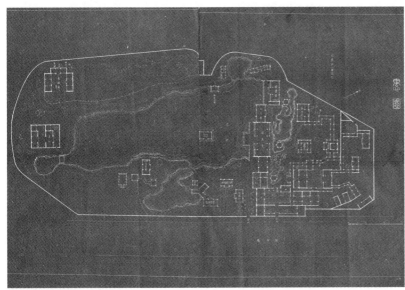

愚园平面图，童寯，1930年代
资料来源：童寯家属

《江南园林志》，童寯，1963年出版
（1936年成书）
资料来源：童寯家属

童寯,在苏州吴江,1936 年
资料来源:童寯家属

童寯(左)和杨廷宝(右)在苏州,1930 年代
资料来源:童寯家属

童寯(左一)与陈植(右一)在杭州,1930 年代
资料来源:童寯家属

现代建筑学科的发展

梁思成、刘致平，台基图案，台基卷
资料来源：中国营造学社 . 建筑设计参考图集：台基卷 [M]. 1935.

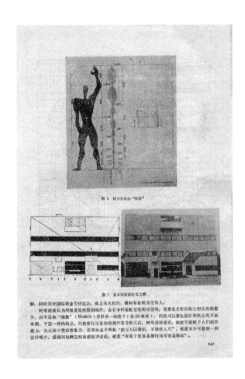

童寯，外中分割
资料来源：童寯 . 外中分割 [J]. 建筑师，1979（8）.

现代性与"中国建筑特点"的构筑 [1]
——宾大中国第一代建筑学人的一个思想脉络（1920—1950 年代）

李华
东南大学建筑学院

中国第一代建筑学人奠基性的贡献之一是建筑作为一个现代的知识与实践，以及建筑学作为一个独立的学科在中国的建立和发展。这种强烈的学科和职业意识，是我们历史地检视和评价他们的贡献与价值时，不应忽视的重要方面。置于历史的语境里说，这些方面的意义不亚于个体思想和单体建筑的成就，甚或更重。或许更为紧要（critical）的是，他们当时思考的很多问题依然是我们当下面临的问题，他们思考问题的很多方式依然蕴含在我们现在的方式之中。

自近代以来，"现代的"和"中国的"不仅是中国知识分子的一个关怀，而且是中国建筑思想构建的两个主要脉络，也是宾夕法尼亚大学毕业的中国第一代建筑学人一直关注的核心问题。值得注意的是，"中国建筑特点"或中国建筑话语的建构本身即是一个现代的议题，是现代性的问题之一。于此，中国并不特殊。在民族—国家政治体制建立的过程中，这样的事例比比皆是，如 18—19 世纪欧洲建筑中关于风格的讨论[2]。在这一点上说，建筑中所谓"现代的"和"中国的"定义，并不是对立或分离的——前者常常与激进、普适性、文化断裂甚至"西化"联系在一起；后者往往与复古、民族性或本土性、文化传承与延续相关，而是如一枚硬币的两面，是现代性的两种表现。这些看上去相互矛盾的并存，恰恰反映了现代性的复杂性及其所带来的挣扎乃至抵抗，并成为其存在的特点与方式。

需要强调的是，具有现代性特点的建筑并不等于现代主义建筑，现代主义建筑是现代性的一种表现，但不是唯一表现。从知识构成（formation of knowledge）的角度说，现代主义建筑和布扎体系都是基于现代性之上的知识构筑与实践，但却是两种不同的体系[3]。两者在世界范围内的广泛传播，从教育、观念、方法到实践，即是明证。尽管如此，它们对所处语境的应对，具有的社会和意识形态立场、美学观念、对现代性的自我意识，及知识构成的方式等却大不相同。因此，它们之间最深刻的差别不在形态上，而是整个系统的构筑上。对研究进入现代以后的中国建筑而言，布扎传统和现代主义的表现几乎是无法回避的议题。以知识构成来看，中国现代建筑的发展中，并未形成一个完整的现代主义建筑的话语体系（discourse），也未经历过一个全面的"现代主义"阶段，尽管其中不乏具有现代主义思想和背景的代表人物、实践，以及一些观念和技术的发展、应用等。事实上，布扎与现代主

---

1 该文曾发表于《建筑学报》2018 年第 08 期。
2 尤见书中第五章：Nationalism and Stylistic Debates in Architecture[M]// BERGDOLL Barry. European Architecture 1750—1890. Oxford：Oxford University Press，2000.
3 李华. 从"布扎"的知识结构看"新"而"中"的建筑实践 [M]// 朱剑飞. 中国建筑 60 年——历史理论篇. 北京：中国建筑工业出版社，2009：34.

义的融合而非范畴上的泾渭分明正是中国建筑的一个特点，也因为如此，回到现代性与知识构成上去反思和阐释近代以来中国建筑的发展历程与特点，或许比直接采用"现代主义"和"布扎"的范畴划分更具针对性，更能充分认识中国建筑独特的现代经历与经验，帮助我们理解布扎体系在中国的落地、生根和变化过程中的丰富性与缘由，成为重新检视"现代建筑"的涵义的一个契机。

回到建筑的现代属性与中国特点的讨论，我们可以发现现代中国的建筑思想者，无论是建筑历史学家、建筑理论家或建筑师，几乎无一例外地对此进行过深入的思考和表述，并且这些思考和表述在很多时候是同时进行的。宾夕法尼亚大学毕业的中国第一代建筑学人也不例外。本文选取了其中4位——林徽因、范文照、童寯和梁思成——分别于1930—1950年代发表的4篇有关"中国建筑特点"的文章，即林徽因

《中国营造学社汇刊》第三卷第一期封面及目录，1932年
资料来源：中国营造学社. 中国营造学社汇刊, 1932, 3 (1).

（音）的《论中国建筑之几个特征》（1932年），范文照的《中国的建筑》（1935年），童寯的《中国建筑的特点》（1941年），以及梁思成的《中国建筑的特征》（1954年），通过解读其中的立场、路径和视野，试图回答以下几个问题："中国建筑的特点"是如何提炼和构筑的？在被通常视为具有相当一致性的美国布扎教育的背景下，中国建筑学人的思考有哪些共性和差异？从历史的角度看，其意义何在？

以上提到的4篇文章的作者均于1920年代毕业于宾夕法尼亚大学，除林徽因在该校就读美术专业外，其他3人入建筑系学习。毕业回国后，他们均致力于建筑体系在中国的构建和发展，活跃在建筑领域的各个方面，从研究、教育、实践，到行业组织等都有不同程度的参与和贡献。这4篇文章成文时，各位作者的身份、所处的社会、政治环境各有所异，所面对的问题和立场自然有些不同，但就本文的分析而言，更关注的是这些文章作为代表性的思想与观念的阐述[1]。

发表于1932年3月《中国营造学社汇刊》第三卷第1期中的《论中国建筑之几个特征》，为林徽因作为建筑历史研究者加入中国营造学社两年后所著，被认为是中国建筑研究者发表的第一篇有关中国建筑的理论性文章[2]。事实上。正是从这一期起，创刊于1930年的《中国营造学社汇刊》开始发表建筑学意义上的中国学者的研究论述。对林先生来说，这篇文章所要辩驳的是"中国建筑根本简陋无甚发展，较诸别系低劣幼稚"的错误观念，这一观念最初始于"西人对东方文化的粗忽观察，常作浮躁轻率的结论，以致影响到中国人自己对本国艺术发生极过当的怀疑乃至鄙薄"。她认为中国建筑是"东方最显著的独立系统"，历时长久，流布广大，具有极高的稳定性、合理性与艺术价值。尽管历史上的中国在宗教、思想和政治组织上"叠出变化"，"多次与强盛的外族或在思想上和平的接触（如印度佛教之传入），或在实际利害关系上发生冲突战斗"，但"诸重要建筑物，均始终不脱离其原始面目。保存其固有主要结构部分，及布置规模，虽则同时在艺术工程方面，又皆无可置疑的进化至极高程度"[3]。在物质形态的构成上，台基、柱梁、屋顶为中国建筑"最初胎形的基本要素"，其最主要的自然特征是"架构制"（Framing System）的木造结构；而中国建筑精神之所在的艺术特色则主要体现在"屋顶、台基、斗栱、色彩和匀称的平面布置"上[4]。

范文照的《中国的建筑》发表于1935年《文化建设月刊》第一卷第1期上[5]。此前两年，他曾在美国《人民论坛》上以英文发表过一篇名为《中国建筑之魅力》的文章，主要观点与此文基本一致[6]。《文化建设月刊》

---

1 在回顾中国近代以来的建筑思想时，经常会发现同样的论述和观点在不同人的表述中以相似的方式出现，有些可以看出个体思想前后的连贯和变化，有些则不明显。本文更倾向于各种思想、观念及其立场等的解读，视个体为这些思想观念的代表，而不仅是单纯的个人思想的表述。因此，个人思想的发展和其中的复杂性不在本文的讨论 范围之中。

2 林徽因的这篇文章相当重要，基本涵盖了之后有关中国建筑特点的论述中大部分的观点。赵辰. 作为中国建筑学术先行者的林徽因 [M]// 东南大学建筑学院. 东亚建筑遗产的历史和未来——东亚建筑文化国际研讨会·南京2004年优秀论文集. 南京：东南大学出版社，2006：389-396.

3 林徽因. 论中国建筑之几个特征 [J]. 中国营造学社汇刊，1932，3（1）：168-184.

4 在1950年代以前的建筑文章中，较多见美术而非艺术这个说法，本文在论述的文字中以当下的语言习惯采用"艺术"这个词，在引用的文字中依然保留原有用法。

5 范文照. 中国的建筑 [J]. 文化建设月刊，1934，1（1）：135-139.

6 范文照. 中国建筑之魅力 [J]. 张钦楠译. 建筑学报，1990（11）：42-44.

是以推崇"中国文化本位"的中国文化建设协会创办[1]，在第一卷第1期中，除建筑之外，还有"中国的戏剧""中国的数理""中国的医学"等文章，因此，《中国的建筑》在某种程度上说，是一篇专业性的普及类文本。

范文所针对的问题有两个：一个是建筑在中国的普遍认识度比较低，"建筑这个名词，素来注意的人很少，所以大家感不到兴趣"；另一个是对中国建筑的重要性认识不足，"普通人大都觉得我们中国没有参加世界大建筑。或者说我们中国对于世界建筑仅占很少的部分"。于是，从建筑与美学的关系，即欣赏者的感受入手，范先生提出，中国建筑是世界建筑中一个独立的风格，美且科学，有"美的结构，与生动的彩画，又具有坚固实用的科学要素"。中国的建筑艺术是理想和诗意的，其对天然美的推崇所达成的"平安融和的功效"，体现在从平面、梁柱到装饰依规矩进行的布置、"墙倒屋不塌"的结构、曲线精美的屋顶、恰当的韵律，以及美且实用的装饰性与华而不奢的色彩上。

童寯的《中国建筑的特点》写于1940年，发表在《战国策》1941年第8期上，其时正值抗日战争的相持阶段[2]。《战国策》是当时被称为"战国策派"的学术团体的一本代表性刊物。"战国策派"又称"战

范文照，《中国的建筑》一文首页，1934年
资料来源：范文照. 中国的建筑 [J]. 文化建设月刊，1934, 1(1): 135-139.

童寯，《中国建筑的特点》一文首页，1940年
资料来源：童寯家属

---

1 中国文化建设协会，成立于1934年，国民党CC派的首领陈立夫任理事长，发行《文化建设月刊》。同年，国民党在蒋介石的倡导下开始推行"新生活运动"。《文化建设月刊》从1934年创刊到1937年因抗日战争停刊，共出版34期。1935年1月在《文化建设月刊》第一卷第4期上发表了一篇由王新命、何炳松、武堉干、孙寒冰、黄文山、陶希圣、章益、陈高傭、樊仲云、萨孟武10位教授签名的《中国本位的文化建设宣言》，也称《十教授宣言》，再一次掀起了全国性的中国文化本位与西化的论争。郑大华. 30年代"本位文化"与"全盘西化"的论战 [J]. 湖南师范大学社会科学学报，2004(3)：84-90.

2 文章原载于《战国策》杂志，1941年第8期。童寯另一篇写于1944—1945年间的英文手稿 Chinese Architecture，收于《童寯文集》第1卷，附有李大夏译、汪坦校的中文译文，名为《中国建筑艺术》。该文对中国建筑特点有更为细致的阐述，但似未完。童寯. 中国建筑的特点 [M]// 童寯. 童寯文集：第1卷. 北京：中国建筑工业出版社，2006：109-111.

国派",活跃于抗战期间,尚武,以弘扬"民族至上、国家至上为主旨"[1]。

几乎不可避免地,这篇文章既要面对建筑与时政关系的诘问,也要回应"诚恐茅顶不禁欧风,竹窗难当美雨"的境况。因此,它不仅概述了中国传统的建筑特色,而且对现代条件下中国建筑当下与未来的出路进行了评述。在童看来,中国建筑在结构上有两个特点,一是以木材为建筑的灵魂,另一个是外露的屋顶;在装饰上,是富丽的油漆彩画;在平面布置上,则是以"极端规则式的几何单位",或"以正厢分宾主",或"藉游廊联络",变通引申成适应不同功能和场地的布局。其物质形态和布置均与"民性"及文化"习惯"密切关联[2]。

梁思成的《中国建筑的特征》发表于 1954 年《建筑学报》的创刊号上[3]。这不是梁第一次对中国建筑的特征进行总结,也不是唯一的一篇,而是其众多论述中,尤其是 1950 年代的相关写作中颇具代表性的一篇。它不仅反映了那个时期梁先生对中国建筑特点的主要认识,也比较详细地阐述了后代研究者所关注的"文法论"与"可译论"。这篇文章的写作

梁思成,《中国建筑的特征》一文首页,1954 年

---

1 根据王学振的研究,"战国策派又称战国派,是抗日战争时期活跃在大后方昆明、重庆等地的一个松散的学术集合体,因其主办的刊物《战国策》(半月刊,后改月刊),《战国》(重庆版《大公报》副刊)而得名"。程亚文也曾评述道,"抗日战争期间以西南联合大学一些教授为主体组成的'战国策派',对国家危亡有切肤之痛。他们目睹第二次世界大战爆发,'强国对强国的决斗、强国对弱国的并吞'的残酷现实,强烈希望国人振作猛醒,以积极进取的姿态参与国际竞争。其核心关注是尚武精神,也就是以'力'为尚的'大政治'"。田亮."战国策派"再认识 [J]. 同济大学学报(社会科学版),2003(1):37-43;王学振. 战国策派思想述评 [J]. 重庆师范大学学报(社会科学版),2005(1):55-60;程亚文."文人政治"为何误国 [J]. 读书,2014(6):45-54.
2 有关布置,童寯解释道,"中国建筑的规格布置,实与诗文的对偶排联,及家具的左右均衡,深入民性,成为习惯,而牢不可破"。
3 梁思成. 中国建筑的特征 [J]. 建筑学报,1954(11):36-39.

所面对的是如何运用中国的建筑传统创造符合新时代的建筑，这是一个建筑命题，也是国家意识形态要求的任务。

与前几位学者一样，梁认为中国的建筑体系是世界文化史中一个独特的存在，且基本特征从公元前15世纪一直保留至近代。这些基本特征主要表现在9个方面：台基、屋身、屋顶的3部分构成方式，规整的组合式平面布局，以木结构为主的建筑体系，斗拱，举折、举架，屋顶；朱红色的运用，构件交接的裸露，有色琉璃砖瓦和油漆的大量使用。而这一切的特点都有"法"可依，"为匠师们所遵守，为人民所承认。我们可以叫它做中国建筑的'文法'"。正是这套文法使中国建筑传统得以"以旧创新"。

由上述可见，尽管这4篇文章的写作目的、语境不尽相同，他们在中国建筑特点的认知上却不乏共识，并延续至今，成为中国建筑学的知识基础。这些共识尤其在于对中国建筑艺术性的肯定及两个方面的表现上：一是形式外观上的，如组合式的平面布局方式、形态突出的屋顶和丰富的装饰及色彩等；另一个是材料结构上的，即以木材为基础的柱梁结构体系，并由此达到了从材料到结构和形态的高度契合与统一。

即便如此，在这些共识下，我们依然能发现他们之间微妙却深刻的差异。例如，尽管对外观的艺术性有几乎一样的判断，林徽因的论述中认为其优点首先"深藏在那基本的，产生这美观的结构原理里"，而梁思成的总结更为关注形式生成的手法。事实上。无论是"文法论"还是"可译论"都是基于布扎体系中组合原理的一个中国式论述。同样地，虽然林文和童文都将材料视为中国建筑特征形成的根本。前者更关注木造结构对外观式样的影响，如受限的高度、玲珑的外表和自由开设的门窗；后者则更注重的是结构所造成的抽象的感知体验（perception），"中国之木架建筑早发端于架木为巢，至今多少旧式公私建筑，由宫殿以至园林，檐□欲飞，□光四面，何等轻透"[1]。而同样是从美学判断的角度看中国建筑，范文中所说的 "权衡、精细、完备、优美。这种种好处，是由横直柱梁分配适合，得到韵律，与墙壁屋顶配置妥当得来的"，更多地是基于布扎构图中一个经典的形式控制原理——协调的比例。相对地，童文中所说的轻透、笨重等，既是来自构图的语言，又带有着现代主义的方式。这样的事例不胜枚举，也提醒我们，结论的相似并不必然表明立场和观念的相同，起点或许比终点更为重要。

如果将以上4篇文章中所体现出的观念做一些差异化的提炼，我们大约可以看到几种不同的倾向：偏向于结构理性主义的材料—结构决定观；注重美学价值的形式美判断和抽象感知判断；着力于形式生成方法的构成论；以及寻找习俗与形态对应的文化观等[2]。这些倾向不仅是看待和评判传统建筑特色与

---

1 斜体部分为本文作者所加。对于美学体验上的抽象，似为童寯一以贯之的判断方式。在1931年发表于《中国建筑》上的《北平两塔寺》一文中，他曾以轻灵和笨重作为区分建筑特点的标准。梁思成. 中国建筑的特征[J]. 建筑学报，1954（11）：36-39. 童寯，北平两塔寺[M]// 童寯文集：第一卷. 北京：中国建筑工业出版社，2000：29-81.
2 需要说明的是这些倾向经常相互交织，体现在每一篇文章里。虽然每篇文章的侧重点略有不同，但它们与文章之间并不存在特别——对应的关系。

价值的方式，同时也代表了不同的建筑观念与视野。因此，我们可以粗略地说，布扎（本文语境中，美国布扎）是一个以现代性为基础的系统的知识：一方面，它为认识不同文化和背景下的建筑提供了一套有力的工具和方法；另一方面，它又具有一定的包容性，蕴含着多种建筑方向发展和认识的可能。回到思维的起点，无论这4篇文章对中国建筑特点的提炼是布扎的延续还是修正，亦或新的发展，不能否认，它们所代表的倾向都是从现代意识出发的对中国营造传统的重构，下文将从3个切面来趋近它们背后隐含的立场、路径和视野：普适价值判断中的中国建筑，世界建筑版图中的中国特点和面向未来的历史研究。

1. 立场：普适价值判断中的中国建筑

普适性是现代性的一种假设和意识。以普适价值的立场总结中国建筑的特点，评判其优劣基本上是上述4篇文章共同的出发点。对林徽因来说，维特鲁威的"实用、坚固、美观"是所有"好"建筑的判断原则，其中最为基础的是结构的"坚稳合理"[1]；虽然范文照并不反对维特鲁威的三原则，但他认为获得"欣赏的愉快"是所有艺术和建筑通行的准则。"希腊和华盛顿的国会，或者我们中国的旧都宫殿，虽然各有格式、韵律、均衡。但是我们对于欣赏的观念却都是一样。……就是得到美术的欣赏"；而对梁思成来说，适用于所有建筑体系的"词汇"和"文法"的形式构成原理是解析中国建筑特点的基础。与以上3位不同，童寯没有在文中清晰地阐明自己的立场，但似乎坚持建筑视为所处时代和特定条件下的产物。他在同时期的一篇英文手稿 Chinese Architecture 中，以带有某种文化相对主义的立场写道，"盖中国建筑犹若中国画，不可绳之以西洋美学体系及标准。此乃一种文化之物，且对此这种文化加以恰当的评介在西方世界亦乃近年之事"[2]。而在评述建筑在现代的发展时，他又指出，"中国人的生活，若随世界潮流迈进的话，中国的建筑，也自逃不出这[现代主义建筑的]格式"。

对此，赵辰在评价林徽因的成就时，给予过充分的肯定。他认为林徽因的这篇文章"全然不同于以往的中国文人士大夫们对建筑的表述，而是充分运用了当时国际上的艺术史的观念与方法，将中国建筑作为世界文明体系中一种独特的系统来进行论述、评价"[3]，事实上，现代的学科意识和普适性价值判断与方法的运用，不仅是林先生所具有的特点，也是这一代学人所共同的立场，尽管他们的观念和具体的做法不尽相同。而这些不同也使他们对中国建筑未来的看法有所差异，下文对此将作进一步论述。

---

1 林徽因认为，虽然切合当地人生活习惯的实用与符合主要材料的结构的永久性，在随着时代变迁而变化后，建筑仍然可以保留纯粹的艺术价值。但"纯粹美术价值，虽然可以脱离实用方面而存在，它却是绝对不能脱离坚稳合理的结构原则而独立的"，因为美是"在物理限制之下，合理地解决了结构上所发生的种种问题的自然结果"。在认为实用的不断变迁上，林徽因的观点与意大利建筑理论家和建筑师阿尔多·罗西颇有几分相似。不过，罗西认为更为恒久的是形式，而林先生虽然认为艺术价值更为长久，但最终归于的是结构。
2 中文翻译来自：童寯. 中国建筑艺术[M]// 李大夏译, 汪坦校. 童寯文集：第一卷. 北京：中国建筑工业出版社, 2000：151. 英文原文见于同卷本140页。
3 赵辰. 作为中国建筑学术先行者的林徽因[M]// 东南大学建筑学院东亚建筑遗产的历史和未来——东亚建筑文化国际研讨会南京 2004 优秀论文集. 南京：东南大学出版社, 2006：389-396.

2. 路径：世界建筑版图中的中国特点

从"天下观"到"世界观"是中国文化现代转型的一个特点，而在世界文明中定义自身文化的特点也是现代意识的一个表现。同样地，在世界建筑的版图中，通过比较认识和理解中国建筑的特点，几乎是这4篇文章所共同的，也是中国第一代建筑学人普遍采取的方式。

对林徽因和梁思成来说，中国建筑最大的特点是其源远流长的独立系统和系统的稳定性，而这一特点的确定是与世界上其他地区建筑体系的比较得出的。林在其文章的第一段即写道，中国建筑"在世界东西各建筑派系中，相较起来。也是个极特殊的直贯系统"；梁也在文中开宗明义地说，"中国的建筑体系是世界各民族数千年文化史中一个独特的建筑体系"。同样，当范在说明古代中国"建筑家"的身份和地位的特点时，参照的便是欧洲的情况，"在欧洲中世纪的专门研究家，能得到国家最高尚的待遇，故其美术学得发展特盛"，"但中国在中世纪既无专门研究之者，间有之人又多以匠人小技而轻视之"。对童来说，参照和比较几乎贯穿了其一生的学术论述。在说明中国建筑的轻透时，他颇为生动地写道，"中国建筑如笼，可谓鸟的建筑，西洋建筑如穴，可称为兽的建筑。而西洋民族是进化的，其近代建筑物，采用钢铁水泥，由墙的负重，改为柱的负重，用意与中国建筑略同"，并又从对中国建筑的认知反观其他的建筑体系，在论述中国建筑外露的屋顶时评论道，"西洋建筑的美观，到墙头而止"，尤其开了气窗的屋顶，墙、顶难辨，"真不痛快"，倒是平屋顶的现代主义建筑，"拿看中国建筑的眼光观之，这种房屋有似无头妖精，其高处结束，全靠屋顶各部的升降进退合度，始觉参差生动"。

从世界建筑认识中国建筑，从中国建筑看向世界建筑，既是一个定义和定位自身的方式，也是建立看待其他文化中建筑的一个基点。在这一点上，我们或许可以这么说，没有世界建筑，也就没有所谓独具特色的"中国建筑"。"中国建筑特点"的定义和定位，不是自然而然的存在，而是一个世界视野下的构筑。

"基石——毕业于宾夕法尼亚大学的中国第一代建筑师"展一侧墙面布置图
资料来源：经宇澄绘，2017年

3. 视野：面向未来的建筑历史研究

传统和现代的关系是现代性带来的一个重要问题。如果说将过去作为当下的参照并不是现代时期独有的话，那么现代性特有的关于"过去—现在—未来"的时间意识，如线性的进步观等，使得这一关系的构筑和思考有着一个不同的视野——未来。

在当时"西式"建筑席卷而来，"中式"建筑似渐衰微的现实下，上述4篇文章中有一个共同关注的问题，即如此优秀且独具特色的中国古代建筑传统能否在现代延续下去，未来的中国建筑会走向何方？对这个问题的回答，从大的方面说，可以分为两种：一种是延续的"更新派"，或者说是复兴派；另一种是顺应时代的"更替派"。林徽因、梁思成、范文照的表述大致属前者，童寯的文章可以说是后者的代表。林徽因从结构的角度认为，中国建筑的"架构制"和当时新出现的现代建筑的框架结构原理相同，因此，"将来只需变更建筑材料。主要结构部分则均可不有过激变动，而同时因材料之可能，更作新的发展，必有极满意的新建筑产生"；范文照则从美学的融合出发展望道，"将古代当中最好的艺术，和合新式当中最好的艺术拼做起来，……利用科学化来布置房屋，又能保存中国数千年的古代美术"；而梁思成从形式构成的角度建议，"我们若想用我们自己建筑上优良传统来建造适合于今天我们新中国的建筑，我们就必须首先熟习自己建筑上的'文法'和'词汇'"。童寯的想法与前几位不大相同，他认为现代文化是一个与古代不同的文化，而失去了原有文化土壤的中国建筑必然发生激变，"中国建筑今后只能作世界建筑一部分，就像中国制造的轮船火车与他国制造的一样，并不必有根本不相同之点"。在较早之前的另一篇文章《建筑艺术纪实》（Architecture Chronicle）中，他更为清晰地表述道，"现代文明的首要因素——机器，不仅在进行自身的标准化，也在使整个世界标准化时，我们不会感到奇怪，人类的思想、习惯和行为正日逐调整以与之相适应"，而它们必然对"建筑物产生深刻影响"[1]。他并不否认传统延续的可能，但这种延续更多的是在思想基因上。所以，在文章的结尾处，童不乏自信地写道，"中华民族既于木材建筑上曾有独到的贡献，其于新式钢筋水泥建筑，到相当时期，自也能发挥天才，使观者不知不觉，仍能认识其为中土的产物，中国建筑于汉唐之际，受许多佛教影响，不但毫无损失，而且更加典丽，我们悬于未来中国建筑的命运，希望着另一个黄金时代的来临"。

显然，不论是"更新派"还是"更替派"，从观念到建议的方法都不是统一的。不过，需要特别指出的是，即便是持延续观点的人，所倡导的也不是回到过去的守成，而是新建筑的创造。事实上，他们同样对当时所谓折中式的、单纯形象模仿式的"中国"建筑颇有微言，也坚定地认为"新"的建筑应该迎合新技术的发展和现代生活的需求，在最后一点上两派并无根本性的区别。

---

1 原文刊载于 *Tien Hsia Monthly*（《天下月刊》）1937年10月号。童寯. Architecture Chronicle[M]// 童寯文集：第一卷. 北京：中国建筑工业出版社，2000：81；童寯. 建筑艺术纪实 [M]// 李大夏译，汪坦校. 童寯文集：第一卷. 北京：中国建筑工业出版社，2000：88.

4. 反思：现代性的自觉与自省

通过以上解读，我们可以看到，"中国建筑"这个概念和"中国建筑特色"的认知本身是一种现代的构筑，是以现代知识结构和现代意识为基础的，从物质形态、结构方式、形式构成、材料特点、审美判断等诸多维度对中国古代营建传统的整理和重构。这种重构是以普适性的建筑价值判断，在世界建筑和现代发展历史的时空版图中进行认知和提炼。当然，这不是说古代的中国没有营建活动和营建传统，也不是说现代的研究者脱离了古代的素材，而是如同米歇尔·福柯（Michael Foucault）所揭示的以诊所为空间形成的制度化的现代医学知识体系一样，它们是不同的知识结构方式。正因为如此，以现代专业知识表述的"中国建筑"，既具有不同于其他建筑体系的特色，又可以在不同的文化语境中被普遍理解且具有某种普适性的意义，从而成为世界建筑知识图景中的一个组成部分。

值得注意的是，现代性是我们进入现代以来无以回避的基础和条件，现代性的表现不是简单的形态问题，而是涉及思想意识、构成体系、审美判断等的一个系统，对此，我们既需要有对现代性的自觉，也要有对现代性的警醒。历史地说，以现代意识构筑中国古代建筑特色，有利也有弊，在上文提及的优势之外，也隐含着割裂和背离的危险。例如，面向未来的历史研究，一方面，可以使历史研究更具有现实的针对性和意义；另一方面，也会带来历史的过度工具化和脱离历史语境的问题。同样地，当采用普适性的建筑价值判断使中国建筑得以与其他建筑体系相媲美的同时，也可能会掩盖自身的文化特点。以维特鲁威的三原则为例，当林徽因以此论证了"结构法"是中国建筑特色形成的基础，中国建筑中独具特色的屋顶[1]，其特殊性不只在于"迥异于欧西各系"的形式，而是结构原则、实用、美观的完美结合时，出于对结构"坚稳合理"的推崇，她也必然面对中国建筑的"弱点"：未遵循力学原理造成的材料靡费，四边形结构的不稳定和过浅的地基。木结构这种"内在的"矛盾使其在现代的延续成为问题，当与形态的特征相结合，在"中国式"新建筑的实践上，几乎难以避免地以钢筋水泥模仿木构建筑的形态或采用符号象征的方式，从而背离了理论假定中中国建筑从材料到结构、形式的一贯性这个根本性的特点。然而，维特鲁威的坚固与久恒性的原则主要来自以石材为基础的结构及相关的文化理念，而对符合力学原理的经济性追求在很大程度上是一种现代观念，但蕴含在欧洲建筑纪念碑性追求中的永恒性并不是木构建筑的文化，经济性也不是所有建造活动唯一的标准。认识到普适性之外的判断标准，恰恰可能成为修正和补充已有建筑认知和建筑学知识的契机。

---

[1] 将"结构法"视为中国建筑特色形成的基础，在此后两年林徽因为《清式营造则例》所写的绪论，和此后三年梁思成为《中国建筑参考图集》所写的总论中，有更为清晰的表述。

在为"基石展"做准备的过程中，我总不禁好奇地设想，当受过良好的中国传统教育，在国外接受了专业训练，并取得了令人瞩目成绩的中国第一代建筑学人回到中国时，面对的是一种怎样的境况？处于英语中的专业知识和中文中的社会现实之间，他们在想些什么？他们感到过冲突、断裂吗？面对从过去到现在的变革，他们又如何看待自己的专业和作为？

1931年，同为宾大毕业生的中国建筑师赵深曾在《中国建筑》的发刊词中宣称，中国建筑师的使命是"融中西建筑之特长，以发扬吾国建筑固有之色彩"；1934年，范文照曾对普通民众认为的"中国对于世界建筑仅占很少的部分"不无忧心。现在，80余年过去，今天的中国建筑师面对的问题和使命是什么？与当年一样，还是不同？一样，为什么？不同，在哪里？当我们对中国建筑或中国营造传统有了越来越丰富和细致的了解，当我们经历了现代中国建筑的发展历程，或许可以回望一下出发的地方，看看走出了多远，视界有多大？在前辈留下的遗产中，承继了什么，遗落了什么？从而重新认识和构筑我们走向未来的基础。以现代性在建筑中的表现作为一种研究路径，或许可以帮助我们有效地脱离单纯的形式判断，为检省整个知识构筑的机制和运作方式提供可能。

参考文献

[1] BERGDOLL Barry. European Architecture 1750—1890[M]. Oxford：Oxford University Press，2000.
[2] 李华. 从"布扎"的知识结构看"新"而"中"的建筑实践 [M]// 朱剑飞. 中国建筑 60 年——历史理论篇,北京：中国建筑工业出版社，2009：34.
[3] 赵辰. 作为中国建筑学术先行者的林徽因 [M]// 东南大学建筑学院东亚建筑遗产的历史和未来——东亚建筑文化国际研讨会·南京 2004 优秀论文集, 南京：东南大学出版社，2006：389-396.
[4] 林徽因. 论中国建筑之几个特征 [J]. 中国营造学社汇刊，1932, 3（1），168-184.
[5] 范文照. 中国的建筑 [J]. 文化建设月刊，1934，1（1）：135-139.
[6] 范文照. 中国建筑之魅力 [J]. 张钦楠译，建筑学报，1990（11）：42-44.
[7] 郑大华. 30 年代"本位文化"与"全盘西化"的论战 [J]. 湖南师范大学社会科学学报，2004（3）：84-90.
[8] 童寯. 中国建筑的特点 [M]// 童寯. 童寯文集：第 1 卷. 北京：中国建筑工业出版社，2006：109-111.
[9] 田亮. "战国策派"再认识 [J]. 同济大学学报（社会科学版），2003（1）：37-43.
[10] 王学振. 战国策派思想述评 [J]. 重庆师范大学学报（社会科学版），2005（1）：55-60.
[11] 程亚文. "文人政治"为何误国 [J]. 读书，2014（6）：45-54.
[12] 梁思成. 中国建筑的特征 [J]. 建筑学报，1954（11）：36-39.
[13] 童寯. 北平两塔寺 [M]// 童寯文集：第一卷. 北京：中国建筑工业出版社，2000：29-81.
[14] 童寯. 中国建筑艺术 [M]// 李大夏译，汪坦校. 童寯文集：第一卷. 北京：中国建筑工业出版社，2000：151.
[15] 童寯. Architecture Chronicle[M]// 童寯文集：第一卷. 北京：中国建筑工业出版社，2000：81.
[16] 童寯. 建筑艺术纪实 [M]// 李大夏译，汪坦校. 童寯文集：第一卷. 北京：中国建筑工业出版社，2000：88.

现代建筑实践的创建

中国近代建筑的开端以西方建筑师为主导,自身的设计能力非常薄弱。20世纪初,第一批留学海外的建筑师开始回国执业,他们以强烈的报国热情,娴熟的职业技能,创作了中山陵、谭延闿墓、国民政府外交部大楼等优秀建筑,逐步扭转了西方建筑师主导中国大型工程的局面,并在建筑类型、建筑技术和建筑理念等方面,为中国建筑的现代转型作出了巨大贡献。

毕业于宾夕法尼亚大学的中国第一代建筑师在这一进程中,表现尤为卓越。中国近代史中两家规模和影响力最大的华人建筑事务所——基泰工程司和华盖建筑师事务所,其主要创办者与合伙人——朱彬、杨廷宝、赵深、陈植、童寯,皆曾受教于宾大。他们的建筑实践具有非常鲜明的时代特征。在新旧共处、东西交融的历史阶段中,他们积极探索,勇于革新,在民族性与科学性的各类实践议题中,努力寻求新民族形式与现代派风格并重的设计方法。这一持续性的努力甚至一直持续到他们的晚年,许多建筑师依然活跃在国家建设的前线,创作出一大批具有影响力的优秀作品,实现了职业诉求与社会理想的追求。

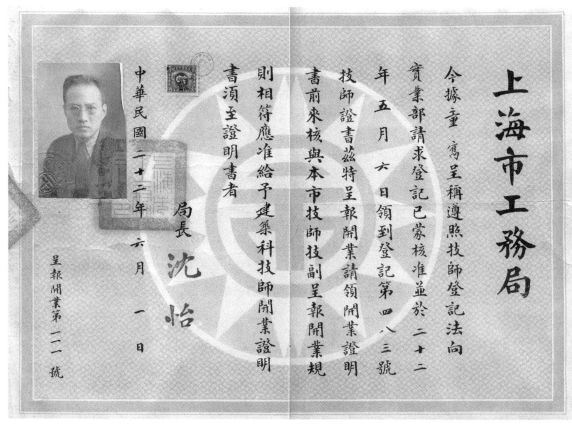

上海市工务局核发的建筑技师开业证明书（童寯），1933 年
资料来源：童寯家属

实业部技师登记证书（童寯），1933 年
资料来源：童寯家属

上海《申报》建筑师范文照小传
资料来源：《申报》，1933年2月14日

上：南京中山陵图案竞赛第二奖，范文照，1925年
下：南京中山陵图案竞赛荣誉二等奖，赵深，1925年
资料来源：《中山纪念建筑》

上海《申报》建筑师赵深小传
资料来源：《申报》建筑专刊，1932年12月26日

南京铁道部大楼,范文照、赵深,1930 年
资料来源:童寯家属

现代建筑实践的创建

南京励志社，范文照、赵深，1931 年
资料来源：汪晓茜提供

京奉铁路沈阳总站，基泰工程司，1927 年
资料来源：南京工学院建筑研究所，杨廷宝建筑作品集 [M]. 北京：中国建筑工业出版社，1983：11.

清华大学图书馆扩建，基泰工程司，1930年
资料来源：南京工学院建筑研究所．杨廷宝建筑作品集[M]．北京：中国建筑工业出版社，1983：34．

现代建筑实践的创建

北平仁立地毯公司，梁思成，1932年　　　　　　　　　　　　上海中国银行虹口分行大楼，中国银行建筑课，1932年
资料来源：梁思成.梁思成全集：第九卷[M].北京：中国建筑工业出版社，2001.　　资料来源：中国建筑，1933，1（4）.

南京北极阁气象台,卢树森,1931 年
资料来源:叶兆言,卢海鸣,黄强. 老照片南京旧影 [M]. 南京出版社,2012.

南京中山陵音乐台，基泰工程司，1932 年
资料来源：汪晓茜提供

南京大戏院,范文照建筑师事务所
资料来源:范文照家属

现代建筑实践的创建

南京中央体育场，基泰工程司，1933 年
资料来源：童寯家属

南京中央体育场，基泰工程司，1933 年
资料来源：中国建筑，1933，1（3）.

现代建筑实践的创建

南京中央医院，基泰工程司，1933年
资料来源：王建国主编. 杨廷宝建筑论述与作品选集 [M]. 北京：中国建筑工业出版社，1997：47，48.

南京首都饭店，华盖建筑师事务所，1933年
资料来源：童寯家属

现代建筑实践的创建

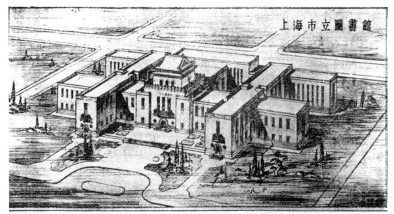

"大上海计划"中的上海市政府和图书馆，董大酉、王华彬，1935年
资料来源：中国建筑，1935，3（2）．

1930年代初制定"大上海计划"的建筑师团队——建筑师董大酉（右三）、王华彬（右四）
资料来源：王华彬家属

昆明南屏大戏院,华盖建筑师事务所,1940 年
资料来源:童寯家属

现代建筑实践的创建

上海美琪大戏院室内大厅
资料来源：范文照家属

上海美琪大戏院，范文照建筑师事务所，1941年
资料来源：范文照家属

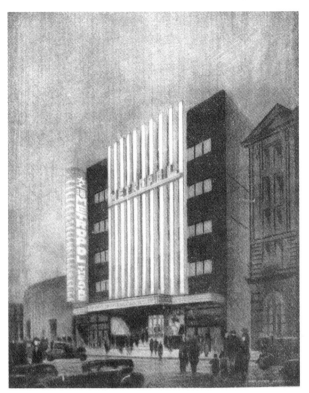

上海大上海大戏院，华盖建筑师事务所，1933 年
资料来源：童寯家属

上海大新公司（现上海第一百货商店），基泰工程司，1935年
资料来源：张崇霞摄影

现代建筑实践的创建

大新公司效果图纸
资料来源：建筑月刊，1935，3（5）.

南京美军顾问团公寓 AB 大楼，华盖建筑师事务所，1946 年
资料来源：童寯家属

南京美军顾问团公寓 AB 大楼,华盖建筑师事务所,1946 年
资料来源:童寯家属

南京国民政府外交部办公大楼,华盖建筑师事务所,1935 年
资料来源:童寯家属

南京中山陵孙科住宅（延晖馆），基泰工程司，1948年
资料来源：韩冬青，张彤编.杨廷宝建筑设计作品选[M].北京：中国建筑工业出版社，2001：131.

新生俱乐部，基泰工程司，1947 年
资料来源：韩冬青，张彤编. 杨廷宝建筑设计作品选 [M]. 北京：中国建筑工业出版社，2001：131.

台湾台糖企业办公楼设计,华盖建筑事务所,1947 年
资料来源:童寯家属

现代建筑实践的创建

香港崇基书院，范文照建筑师事务所，1957 年
资料来源：香港中文大学崇基学院

香港崇基书院，范文照建筑师事务所，1957 年
资料来源：香港中文大学崇基学院

南京大校场机场民航候机楼,杨廷宝,1972年
资料来源:南京工学院建筑研究所. 杨廷宝建筑设计作品集 [M]. 北京:中国建筑工业出版社,1983:196.

现代建筑实践的创建

扬州鉴真纪念堂，梁思成，1973 年
资料来源：汪晓茜提供

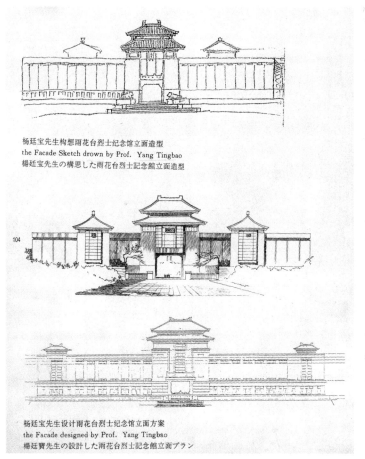 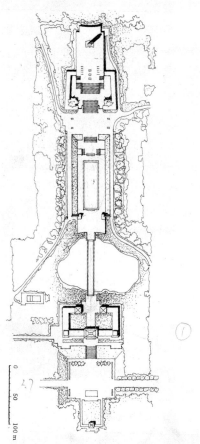

杨廷宝先生构想雨花台烈士纪念馆立面造型
the Facade Sketch drown by Prof. Yang Tingbao
楊廷宝先生の構思した雨花台烈士記念館立面造型

杨廷宝先生设计雨花台烈士纪念馆立面方案
the Facade designed by Prof. Yang Tingbao
楊廷寶先生の設計した雨花台烈士記念館立面プラン

南京雨花台烈士陵园和纪念馆，杨廷宝、齐康等设计，1988年
资料来源：东南大学建筑研究所

南京雨花台烈士陵园和纪念馆,杨廷宝、齐康等设计,1988年
资料来源:东南大学建筑研究所

人民英雄纪念碑，梁思成等。须弥座纹样设计：林徽因，1958 年
资料来源：梁思成文集：第五卷 [M]. 摄影师：郭逸文

广州新一军印缅阵亡将士公墓,过元熙,1947 年
资料来源:[J]. 华声,1947,2(5).

北京和平宾馆，杨廷宝，1952年

资料来源：韩冬青，张彤. 杨廷宝建筑设计作品选[M]. 北京：中国建筑工业出版社，2001：137，138.

现代建筑实践的创建

杨廷宝及北京和平宾馆其他设计人员现场合影
资料来源：巫敬桓亲属提供

杨廷宝（右二）与杨宽麟（左二）在建筑工地
资料来源：巫敬桓亲属提供

规训与调适[1]
——关于毕业于宾夕法尼亚大学的中国第一代建筑师实践的思考

汪晓茜
东南大学建筑学院

对于当代人而言，可以近距离直接触摸和感受中国第一代建筑师职业成就的方式，就是实地参观其实践作品。2017年11月，由东南大学和江苏省文化厅主办，东南大学建筑学院和江苏省美术馆承办的"基石——毕业于宾夕法尼亚大学的中国第一代建筑师"展览，现场呈现的只是宾大毕业生代表作中的一小部分，远远不能反映他们创作的丰富性和多义性。因此，本文将对中国近代这批建筑师群体的实践进行一定的拓展解读。当然从实践出发可解读的主题是多样的，如果要和宾大联系起来的话，那就是探讨他们所受之宾大教育与中国实践之间错综复杂的关系，用"规训与调适"来形容这层关系，则可具体理解为：中国第一代建筑师在宾大或从"布扎"中学到了什么，用到了什么？中国第一代建筑师在本土实践中又转化了什么？

作为历史上的一种全球性学术与实践系统，"布扎体系"（Beaux-Arts，或称"美院体系""学院派"）实际上至少应包含3层含义：第一层是指一所美术学院（巴黎美术学院）或一种教育体系；第二层系指18—19世纪欧美建筑界发展起来的一套特定的程式化、包含方法论和意识形态的设计风格；第三层则是指一种历史上曾服务于法兰西社会的职业体制。

以宾夕法尼亚大学建筑教育为代表的美国布扎，虽说是"二手"布扎，但依然继承了巴黎美院体系的基本内涵，其基本原则和方法是相对固定的，如学校与学会协同、大学体系与画室制度结合的教学模式，尚古与折中的学术倾向，唯美严谨的治学风范，适合国情的发展意识等，可视作与巴黎美院是同脉且有所发展的整体[2]。在这样的规训中成长起来的中国留学生，深受西洋古典形式美的熏陶，得到砖石类体系的建构训练，在职业操作的方法和技能上完全掌握了学院派的精髓，并直接指导着他们归国后的职业和学术工作。

但第一代建筑师所面临的执业环境又与所受教育的美国在各方面都有着巨大落差：功能需求、经济条件、材料供应、文化观念、传统审美、社会稳定性、政治象征等因素，都直接影响着作品的走向。观察这批建筑师回国初期和中后期的作品，能显著看到在继承和发扬学校知识的同时，创作主体也在不断调适着实践的路径，以呼应本土环境提供的条件，或应对外部的限制，而这种调适是双向的，即布扎训练和中国实践的关系是互动的——既有布扎方式对中国传统建筑形象和建造技术的改造，也有中国社会与文化氛围影响下建筑师对布扎思想的修正。

---

1 该文曾发表于《建筑学报》2018年第08期。
2 单踊. 西方学院派建筑教育史研究 [M]. 南京：东南大学出版社，2012：200-203.

1. 技术层面的规训和调适

1）构图

（1）规训——关于布扎的构图
布扎教学体系的核心在于"composition"，即构图或构成如何在大的构思或构想中反映对称、统一、秩序、比例、尺度等重要法则，从而创造一种建筑的和谐美。其实在布扎系统里，构图并不意味着太多的装饰和立面设计，而是针对整个建筑，为创造一种平、立、剖面一起看的三维想象，需要对给定要素进行有意义的安排和联系。也就是说，布扎的构图或构成是对既定建筑构思在形式意义上的总体整合与表现，手法研究是多于构思与创意的。回国之后的宾大毕业生们在设计方法上显然继承了学院派这一规训，从平、立、剖面到空间的相互关系等

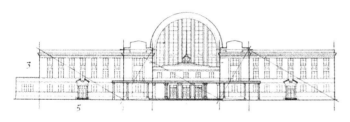

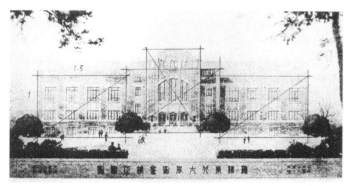

杨廷宝早期作品：京奉铁路沈阳总站（上，1927年）和东北大学图书馆（下，1929年）的立面构图和比例分析
资料来源：赖德霖. 中国近代建筑史研究[M]. 北京：清华大学出版社，2007：293，309.

梁思成1932年设计的北平仁立地毯公司的立面构图和比例分析
资料来源：改绘自赖德霖. 中国近代建筑史研究[M]. 北京：清华大学出版社，2007：300，303.

1 "规线"是文艺复兴建筑师拿来作为建立一套复杂比例关系的辅助方式。规线的原理事实上十分浅显易懂：当许多长方形在一起时，如果它们的对角线平行或相同时，则具有相同的长宽比例；如果它们的对角线垂直时则具有相同的长宽比例，而且是倒立的。因此借由控制线的运用，建筑物各部分之间，以及部分和整体之间都有相同的长宽比例关系。

皆能看出严格的构图训练的痕迹。对于造型和比例中追随古典审美的规训，宾大毕业生始终执着和坚守。杨廷宝、梁思成及其他建筑师的立面基本都能分析出学院派设计的造型和立面比例来，他们所使用的最直接的方法就是立面贯穿统一的比例，在不同功能、不同风格建筑设计时熟练运用了黄金分割和3∶5等经典比例。如果我们用"规线"（regulating lines）的辅助方式来分析就会一目了然[1]。这也是学院派出身的建筑师设计房子时，其体形总是给人协调感觉的原因，无论是西式造型，还是现代主义风格的房子，似乎都有这根构图的"线"在串联着，无论"这根线"是显而易见还是若隐若现的。

香港中文大学的顾大庆曾经对杨廷宝 1951—1953 年设计建造的北京和平宾馆展开过分析[1]。这是一个外表干净简练、功能布局合理、经济性强、与环境关系融洽、堪称教科书级的设计，建筑界一般视作是中国现代建筑的典范。但仅从风格上来解释它或归类可能是一个误解。比如平面上一层餐厅和门厅两条主轴线的位置关系和组织方式就是典型的布扎手法。小餐厅的空间进行对称布置，大堂也是4根柱子界定清晰。平面采用了很美院风格、很古典的构图：用轴线组织平面，用空间的限定来思考功能关系。从布扎出来的人。始终没有忘记，要用一种几何的控制线、比例、大小、尺度去控制"局部"凑在一起的关系，并可用布扎体系中poche（顾大庆译作"剖碎"）的图底表达手段清晰呈现出来。即使是做出像和平宾馆这种被视作包豪斯倾向、现代主义特色的作品，建筑师终究还是要将学院派设计的核心价值，即设计的技艺——对

和平宾馆鸟瞰渲染图
资料来源：韩冬青，张彤.杨廷宝建筑设计作品选[M].北京：中国建筑工业出版社，2001：137，123.

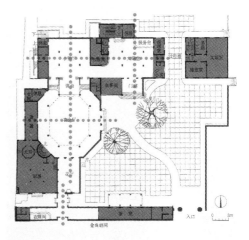

和平宾馆一层平面分析图
资料来源：顾大庆.我们今天有机会成为杨廷宝吗？一个关于当今中国建筑教育的质疑[J].时代建筑，2017（3）：10-16.

---

1 顾大庆.我们今天有机会成为杨廷宝吗？一个关于当今中国建筑教育的质疑[J].时代建筑，2017（3）：10-16.

布扎而言就是构图和构思的能力——一定程度地体现出来。

（2）调适——西方构图应用于中国古典风格新建筑
我们还需进一步关注的是，宾大毕业生是如何用西方的古典比例去规范中国传统风格新建筑的造型？赖德霖曾用形式分析方法研究过杨廷宝民国时期设计的两个中国传统造型新建筑：一是国民党中央党史史料陈列馆，一是南京中央体育场国术场大门，一大一小两个作品多少可以诠释这种移植的路径。前者将传统殿堂建筑的重檐间距加大并提高平台以增加楼层的做法，体现了完美的比例。这使得从地面到屋脊高度与歇山顶两垂脊之间的宽度几近相同，即在立面上形成一个正方形，下檐横脊的位置接近正方形的二分之一中线。建筑两侧平台到建筑中线的距离与地平线正中到正方形上角的连线长度相同；在立面图上，平台下沿和屋脊的正交点都在一个正半圆形上。这就是说，建筑高度与正脊到相隔平台边线的距离之比是 1∶1.618 的黄金分割。不仅如此，这个建筑平面柱网和平台矩形平面的比例也是 3∶5。后者国术场入口牌坊的构图方式十分简明，横三竖四格网。每一个格子的比例依然是 3∶5[1]。其实杨廷宝的做法并非是中国近代建筑师中首创，吕彦直设计的中山陵陵门"博爱坊"和祭堂，稍早时期董大酉、范文照、赵深等人创作的民族风格建筑也有类似构图。因此可以看出留洋建筑师们信奉西方古典构图原理的普适性，试图将西方建筑体形和比例结合中国建筑造型特征来折中中西建筑造型。这种致力于根据现实需要而求合乎法则的变化，成为 20 世纪具有经典意义的中国古典风格新建筑的创作方法之一。

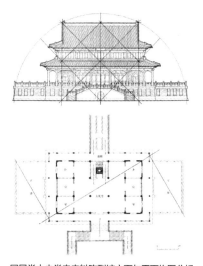

国民党中央党史史料陈列馆立面与平面构图分析
资料来源：赖德霖. 中国近代建筑史研究 [M]. 北京：清华大学出版社，2007：293，309.

南京中央体育场国术场大门构图分析
资料来源：改绘自赖德霖. 中国近代建筑史研究 [M]. 北京：清华大学出版社，2007：300，303.

1 赖德霖. 中国近代建筑史研究 [M]. 北京：清华大学出版社，2007：289-311.

2）结构与建造系统

（1）规训——砖石类西式结构
巴黎美院教学的核心内容即构图，关注的主要是形式，而诸如结构、材料、环境、朝向等因素的关注则相对弱，材料也重点考虑能造成其所需壮观精神的"坚实"类。作为欧洲体系的派生，美国的布扎建筑教育总体上有着与之相同的学术渊源和相近的教学方式。然而受特有的大学机制和社会需求影响，也表现出与欧洲源头大相径庭的一面，主要体现在教学运作的自主性和教学管理的严整度上，而教学内容方面则加强了结构、营造等技术类知识。因此，宾大的中国留学生在此方面培养出的能力普遍强大，从童寯在宾大学习期间的构造作业可见一斑。回国后他们在设计砖混、钢混和钢结构、钢木混合的西式多、高层房屋时，娴熟地将所学知识——对近代中国而言还是新生事物——在实践中呈现出来，如朱彬设计之天津中原公司和上海大新公司，华盖事务所设计之南京美军顾问团公寓楼，杨廷宝设计之中央通讯社大楼，皆引入了当时最先进的结构体系和建造技术，领风气之先，曾对中国建筑的现代化转型发挥了重要作用。

（2）调适——中国本土建筑体系的改造
一方面继续保持在西式结构和营造设计方面的特长，同时以宾大毕业生为代表的留洋建筑师们也能根据中国当的物质条件和建设环境对传统建造体系进行改造，直接推动了中国建筑近代以来的"本土演进"。其中一个很重要的举措就是：用西式屋架和钢混、钢木结构建造民族风格建筑的大屋顶。这也是中国传统木构建筑形态能够得以在近代延续的重要原因。虽然民族建筑形式实践是从近代教会建筑和外籍建筑师如亨利·墨菲（Henry Killam Murphy，1877—1954）、何士（Harry H. Hussey，1880—1967）

上海大新百货公司（朱彬设计）
资料来源：张崇霞摄影

南京美军顾问团公寓（华盖事务所设计）
资料来源：童寯家属

等开始,可这类建筑形象看起来也存在拼凑、唐突和生硬的痕迹,如金陵大学北大楼(芝加哥帕金斯建筑师事务所设计,现为南京大学鼓楼校区北大楼)的中央塔楼体形,金陵女子大学100号楼(亨利·墨菲设计,现为南京师范大学随园校区教学楼)未设台基,以及立面上斗栱与柱头的错位关系等,梁思成就曾批评,"他们的通病则全在对中国建筑权衡结构缺乏基本认识这一点上"[1]。

这一局面在中国本土建筑师大规模介入后得以改观。特别是以杨廷宝、梁思成为代表的一批留洋建筑师,归国后深入研究了中国古建筑在体形、比例、尺度、色彩、工艺上的特点:杨廷宝对北平古建筑的测绘修缮,梁思成、林徽因等对中国古建筑法式的研究,继而结合现代材料、结构和技术条件来建造中国古典式样的新建筑,满足新功能和时代需求。杨廷宝、卢树森、范文照、赵深、王华彬等宾大毕业生的民族风格作品都是嫁接在现代建筑技术体系之上的,这个过程就需对传统木构进行改造来适应现代施工和使用需要,例如范文照、赵深在南京设计的铁道部、励志社大楼,卢树森设计的中山陵藏经楼,董大酉、王华彬设计的上海市政府、博物馆、图书馆,朱彬设计的上海市中山医院,以及杨廷宝的一系列中国固有形式创作中的大屋顶项目中,都用钢筋混凝土西式屋架(钢混桁架)替换中国传统抬梁式屋架,主体也是钢混框架结构。同时也对中国古典式样建筑的局部构造进行了革新,以改善使用性能。例如大屋顶大面积汇集雨水经由檐口集中自由落水至室外地坪之前,建筑师在屋面设计了"卧沟",收集雨水并汇入暗藏于钢混柱子两侧的内置排水管中,以去除屋面落水对大型公共建筑外廊空间尤其是入口附近人群活动的不利影响,保护地坪材料不至于长期遭受自由落水冲击而破坏,这种做法在上海市政府、南京励志社、广州中山纪念堂等民国重

金陵大学北大楼现状
资料来源:汪晓茜摄影

金陵女子大学人文艺术楼现状
资料来源:汪晓茜摄影

---

1 梁思成. 中国建筑艺术图集 [M]. 天津:百花文艺出版社,1999.

要建筑中有所体现；南京的民国中央研究院总办事处歇山屋顶山墙面博风板下开窗；上海市政府大楼檐下"栱眼壁"演变为连续的采光窗口，为结构高度范围内的空间提供自然采光，提高了空间利用率，形式上也变得新颖。

此外，近代艰难环境下，这批建筑师还因地制宜，因陋就简，利用专业知识进行了创造性的技术设计。杨廷宝、童寯、赵深等人抗战期间于大后方建设中常用竹篱笆、砖、木、夯土、茅草等材料，创作了一批结构简易、造价低廉、建造快速但又安全实用的建筑。如重庆嘉陵新村国际联欢社、青年会电影院等，砖柱、夯土、竹篱笆和空斗墙的混合结构，粉上黄泥和石灰，用木柱支撑木结构西式屋架，节点都是自己设计。另一位从欧洲布扎体系学校——法国里昂建筑学院——毕业的建筑师虞炳烈，更是成立了仅一个人的建筑事务所，在后方的昆明、桂林、江西等地设计了大量应急型简易工程，使用土、木、竹、砖，甚至树皮等乡土材料，土法创造组合梁柱，精心设计节点，在保证结构安全的情况下以低造价完成紧急工程；从方案到结构设计、施工图、预算编制，以及施工说明书，皆为他独自完成。这从一个侧面反映出，无论是欧洲正统还是美国"二手"布扎培养出来的学生，在严格的学院派训练下所具备的强大职业技能，确保他们能通过主动调适和创造性的设计来应对各种建造条件。

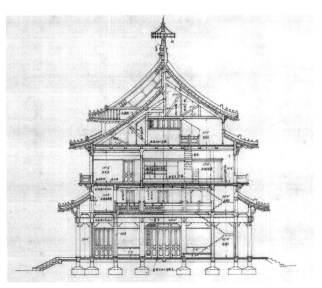

中山陵藏经楼屋架使用钢混框架和桁架结构（卢树森设计）
资料来源：南京市城建档案馆

上海特别市政府屋面排水"卧沟"的立面局部墙身剖面
资料来源：李海清，汪晓茜.叠合与融通——近世中西合璧建筑艺术[M].北京：中国建筑工业出版社，2015：59.

现代建筑实践的创建

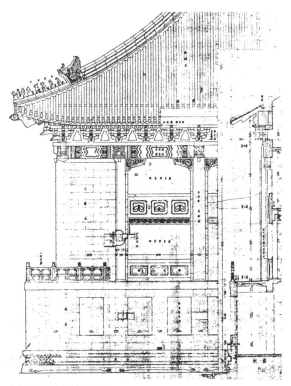

内排水构造在檐柱根部的出口
资料来源：李海清，汪晓茜.叠合与融通——近世中西合璧建筑艺术[M].北京：中国建筑工业出版社，2015：59.

南京的中央研究院总办事处抱厦空间的利用——山面开窗采光
资料来源：李海清，汪晓茜.叠合与融通——近世中西合璧建筑艺术[M].北京：中国建筑工业出版社，2015：59.

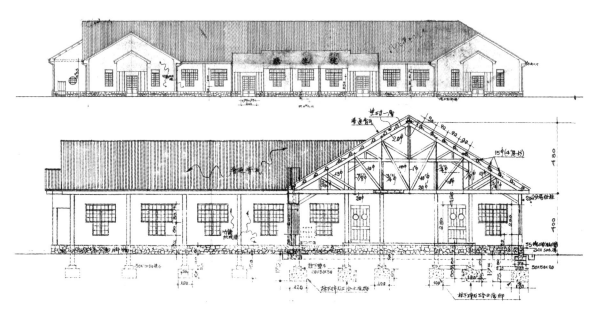

桂林穿山村汉民中学食堂，虞炳烈，1942年
资料来源：东南大学建筑学院藏虞炳烈档案

2. 观念层面的规训与调适

1）规训——布扎式的折中

既往对学院派作品关注最多的就是设计呈现的风格。风格的选择或者参照现实条件选择恰当的风格也的确是布扎教学的特色。在宾大，学生们接受的是以西方历史形式为主的风格选择或是说造型和立面设计训练，用的是折中手法。折中的意思是一种拿来主义，无论古今中外的题材，皆为可用、皆可组合，当然要符合古典的比例和审美的要求。所以在"基石"展览上我们可以看到1920年代宾大建筑系高年级阶段"历史设计"课程练习中，美国学生设计中国牌坊的神作。这就能解释，宾大这批中国留学生回国后大多能做到"变色龙"一样根据业主需求和时代特点奉上多种风格，这也是折中手法指导下形成的职业技能，也再次证明布扎教育绝非仅仅是固定风格的传授，而是一种普适性的基本设计方法的教育。中国留学生具备了这种能力，而更重要的是中国近代社会正是孕育中西合璧建筑的温床，为折中的设计手法提供了施展拳脚的机会。

2）调适——关于设计和风格的社会功能和时代性

近代中国，风格选择从来不仅是技术层面的事情，特别是在1927—1937年建设量剧增的"黄金十年"，刻意选择的形式风格背后承载着美学和政治含义，承载着国家特定的计划性目的。在这样的要求下，形式化和历史主义的布扎满足了隐喻的要求，不仅是对中华历史的阐释，也融合进了国际建筑中那些象征权力和浮夸的语言。建筑的创造性和职业信念都可以被限定在国家对计划、形象、官僚政治、政党、赞助等的适应上。

同样是美国布扎出身的另一位著名建筑师董大酉的经历也许更能说明第一代建筑师在处理作品和社会功能之间关系上的普遍态度[1]。1930年代初，董大

"大上海计划"中行政区规划鸟瞰图
资料来源：CODY Jeffery W，STEINHARDT Nancy，ATKIN Tony. Chinese Architecture and the Beaux-Arts[M]. Honolulu：University of Hawaii Press，2011.

---

1 董大酉（1899—1973），浙江杭州人，1922年进入明尼苏达大学建筑系，1924年学士毕业，1925年硕士毕业。1926—1928年在哥伦比亚大学学习美术考古博士课程。早年与亨利·墨菲合作设计了南京的国民革命军阵亡将士纪念公墓。后主持"大上海计划"工程，规划设计了上海市政府、博物馆、图书馆、体育场、航空协会和陈列馆、市立医院等重要建筑。此外还设计有上海铁路局、自宅、吴兴路花园住宅等，撰写《中国艺术》《建筑纪事》《大上海发展计划》等著作。1933年和1937年任中国建筑师学会会长，是中国近代举足轻重的建筑师。

酉和毕业于宾大建筑系的助手王华彬为"大上海计划"制定了大上海市中心行政区总平面：两条交叉的轴线，沿南北轴线齐整分布着图书馆、音乐厅、博物馆，东西轴线分布着政府办公楼，交叉处点缀纪念塔。随后1931—1936年间陆续完工的一系列行政中心建筑中，上海市政府、市立图书馆和博物馆的设计皆采用了当时在民国官署建筑中流行的复古样式，与同时期南京的一系列中国固有式创作遥相呼应。看起来董大酉和王华彬充分掌握了加代（Julien—Azais Guadet）[1]在巴黎美院教学中倡导的铁三角定律——一个高耸的视觉元素、一条纪念性大道和建筑物之间的协调性。

就在董大酉1930年代规划设计布扎风格的大上海计划行政区建筑之时，他为自己设计的住宅（1935年）

"大上海计划"兴建的上海市立图书馆、博物馆和特别市政府
资料来源：汪晓茜摄影

---

1 加代（Julien Azais Guadet，1834—1908），19世纪末20世纪初巴黎美院教学的掌舵者，确立了构图是建筑的艺术品质的观念，代表了当时美院的整体思路。著有4卷《建筑要素与理论》。

却呈现出另一种令人惊讶的差异性：那不对称的体量组合、白色外墙、平屋顶、极少装饰、横向的流线体形和条形窗、室内空间的开放性和流动感、工业化陈设（室内钢管扶手栏杆和家具），都显示与欧洲现代主义者，特别是柯布西耶的设计手法高度的相似性。我们在范文照、吴景奇、杨廷宝、华盖事务所等1930年代设计的银行、办公楼、剧场和住宅中也见到同样的表达。和欧美布扎出身的建筑师一贯执着于同一创作思路不同，中国近代建筑师在风格和品味上存在的这种明显的矛盾性，透视出第一代建筑师驾驭文化乡愁和政治变迁之间微妙张力的能力——建筑师左右逢源或"两面派"，塑造了那个时代多元化的特色，为我们了解全球范围内以布扎为中心的设计体系并非铁板一块打开了一扇窗户[1]。

我们该如何看待中国建筑师在布扎和现代主义间徘徊的矛盾性？首先如同在法国一样，布扎和国家密不可分。巴黎美术学院具有官方赞助属性，毕业生常在国家专业机构里任职，而罗马大奖获得者回国后也是被要求在国家代表性建筑中复制欧洲古建筑的荣光，以表达对政权的礼赞。近代中国环境中，作为知识精英，留洋建筑师被国家寄予厚望，期待他们以专业话语来诠释并引导民族复兴思想或彰显政权合法性。董大酉先被"大上海计划"咨询委员会雇佣，接着又负责规划设计。1933年和1937年他两度被选为中国建筑师学会会长，这些身份左右了他在某些特定项目中的创作方向。同样，基泰工程司在负责人关颂声周旋下，承接了大量政府项目，

事务所的声望和收入大多依靠于此，雍容华贵、形式主义的西方古典和中华传统复兴式建筑成为项目主流。官署、公共项目中，设计和风格需要承载社会功能，而建筑师个人美学倾向则有限呈现在比较自由、小型或商业项目中，例如董大酉在自宅中使用的纯粹的现代语言。而华盖事务所的设计以装饰艺术风格和现代派居多，归结于承接的项目多为银行、商业、办公、娱乐建筑，由江浙地区财团投资，需要迎合资本家对时尚和摩登风格的偏好。正是近代中国的特殊性迫使第一代建筑师较外国同行更需采用灵活策略，游走在布扎和现代主义之间。

随着时间的推移，特别是1945年抗战结束后的重建阶段，杨廷宝、范文照、华盖事务所等皆已主要用俭朴、经济、实用的现代风格创作公共建筑和住宅，乃至政府的重建工程。曾经在1933年芝加哥博览会上督造过热河金亭复建的过元熙建筑师，1947年应孙立人将军之邀，以高度抽象的造型设计了广州新一军印缅战场阵亡将士纪念碑，在国家纪念性建筑中尝试了现代方案。从新发现的1947年梁思成、林徽因设计的国立北京大学子民纪念堂、总办事处和博物馆的设计草图看，建筑质朴适用，而非前期的华美壮丽，代表了他们对20世纪新建筑方向的看法。1951年设计北京和平宾馆时，杨廷宝就将便于施工、快、能及时赶上需要的现代主义方法作为应对现实的出路。以上既是建筑师应对经济、时间和技术条件限制的应变之法，也是其主动拥抱世界潮流的举动。第一代布扎教育下的建筑师在学校期间也许未

---

1 KUAN Seng. Between Beaux-Arts and Modernism Dong Dayou and the Architecture of 1930s Shanghai[M]// CODY Jeffery W., STEINHARDT Nancy, ATKIN Tony. Chinese Architecture and the Beaux-Arts. Honolulu: University of Hawaii Press, 2011.

能受到现代主义的熏陶,但他们意识到并在实践中一定程度上参与了现代主义进程,华盖事务所的赵深、童寯和陈植更是较早就拒绝同一代人中保守的复古主义。因此,近代建筑师实践中的调适或折中行为背后是重视中国国情,注重整体环境,善于从中国现实出发探索自身的现代化建筑的过程。毫无疑问,在与时代同行中,第一代留洋建筑师充分发挥了能动性。

董大酉自宅(1935年)
资料来源:CODY Jeffery W,STEINHARDT Nancy,ATKIN Tony. Chinese Architecture and the Beaux-Arts[M]. Honolulu:University of Hawaii Press,2011.

3. 结语

中国第一代建筑师的实践是在一个悲怆而又带有壮烈色彩的时代开展起来的，一边是乱世的慌乱，一边是尚不明朗的未来，知识分子在这乱世中，怀揣的是建设一个新世界的理想，却面对极度匮乏的物质经济条件，乃至战乱，这样的执业环境何其艰难，从物质到精神都面临巨大挑战和制约，用"筚路蓝缕"来形容他们的开拓性工作是恰当的。除了在建筑类型拓展、新技术应用和理念革新等方面对中国建筑的现代转型发挥了关键性作用外，他们的实践也突出体现了面对中国现状的主观能动性和调适性。像宾大毕业的这批建筑学子，虽然是美国学院派建筑教育土壤生长起来的，但面对与美国环境迥异的中国社会，他们在实践中努力进行着变通，尽显聪明才智。

宾大或布扎的规训对他们意味着什么？首先是一种普适性的建筑设计方法的教育，并非对应于传授某种特定风格，即布扎代表的并非是一种风格，而是一种技艺，本质上是一种理解、描述和创造建筑的思维和操作系统；其次，所传授的折中手法也易于协调不同建筑体系，符合中国近代中西交融和碰撞的社会状态和时代需求；最后，留洋的中国第一代建筑师的职业实践所体现的核心价值应是技术方法与职业理想之间的一种互动和调适，规训提供了技术方法，而最终是在职业理想驱使下进行了从继承、发展到变革的过程。可以认为，内在的统一性与表面的折中性，是宾大建筑教育背景和在近代中国具体环境下对现代化建筑探索的综合表现。

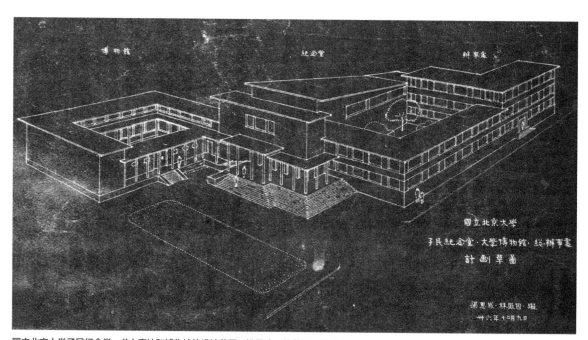

国立北京大学孑民纪念堂、总办事处和博物馆的设计草图，梁思成、林徽因，1947年
资料来源：张淼宁，殷力欣. 梁思成、林徽因建筑设计作品的最新发现——"国立北京大学孑民纪念堂等"设计草图[J]. 建筑学报，2017（12）：94.

南京新生俱乐，杨廷宝，1947年
资料来源：韩冬青，张彤.杨廷宝建筑设计作品选[M].北京：中国建筑工业出版社，2001：123.

广州新一军印缅战场阵亡将士公墓纪念碑和竣工合影时的孙立人将军（1947年）
资料来源：http://blog.sina.com.cn/s/blog_e47848bb01 02w6me.htm

参考文献

[1] 单踊.西方学院派建筑教育史研究[M].南京：东南大学出版社，2012：200-203.

[2] 顾大庆.我们今天有机会成为杨廷宝吗？一个关于当今中国建筑教育的质疑[J]，时代建筑，2017（3）：10-16.

[3] 赖德霖.中国近代建筑史研究[M].北京：清华大学出版社，2007：289-311.

[4] 梁思成.中国建筑艺术图集[M].天津：百花文艺出版社，1999.

[5] KUAN Seng. Between Beaux-Arts and Modernism Dong Dayou and the Architecture of 1930s Shanghai[M]// CODY Jeffery W., STEINHARDT Nancy, ATKIN Tony. Chinese Architecture and the Beaux-Arts. Honolulu：University of Hawaii Press, 2011.

现代建筑教育的奠基

中国当今主要建筑院校的建立与发展，与毕业于宾夕法尼亚大学的第一代中国建筑学人的作用密不可分。他们之中，如梁思成、谭垣、陈植、童寯、卢树森等，回国之后即投身于教育一线，有些数十年如一日坚守教学岗位，有些则身兼建筑师和建筑教师的双重身份，在从事设计实践的同时辗转各校讲学。这些宾大毕业生的足迹遍及当时的国立中央大学、国立东北大学、国立重庆大学、之江大学、沪江大学、清华大学、北洋工学院、省立勷勤大学等各高校建筑系。在历史进程中，这些建筑院校不时经受并转、迁徙、停滞的艰苦历程，甚至几经易名，逐步形成了各具特色的教学体系。至 1952 年全国院系调整，中国建筑院校通过拆分、重组，基本形成了"老八校"的高等建筑教育格局，并延续至 1970 年代末。此后数十年，全国建筑院校继而勃发，迄今已达近 300 所。

现代建筑教育的奠基

东北大学建筑系师生合影，1932年春。前排：蔡方荫（左一）、童寯（左二）、陈植（右三）、梁思成（右二）、张作甫（右一）
资料来源：童寯家属

中央大学师生合影。前排右三：卢树森；右四：刘敦桢
资料来源：东南大学建筑学院

之江大学师生合影。前排左四：王华彬；左五：陈植
资料来源：王华彬家属

现代建筑教育的奠基

国立中央大学师生在沙坪坝合影。前排从左至右：谭垣、鲍鼎、刘福泰、李毅士
资料来源：东南大学建筑学院

之江大学师生合影。二排左六：王华彬；左七：陈植；左九：谭垣
资料来源：王华彬家属

南京工学院建筑工程系合影。一排左起：童寯、刘敦桢、李剑晨、杨廷宝、刘光华、龙希玉、张镛森、陈裕华、甘桎
资料来源：东南大学建筑学院

1982年1月，杨廷宝、童寯等教授与恢复高考后第一届（1982届）毕业生在校大礼堂前合影
资料来源：东南大学建筑学院

现代建筑教育的奠基

梁思成与学生沈玉芝、刘先觉
资料来源：中国营造学社纪念馆

梁思成在辅导青年教师潘国强（右二）、张家璋（左一）、研究生沈玉芝（右一），1958 年
资料来源：中国营造学社纪念馆

梁思成在教学中
资料来源：中国营造学社纪念馆

梁思成与学生李道增（左）、林志群（右）合影，1956年
资料来源：中国营造学社纪念馆

刘光华（左一）、杨廷宝（左二）在南京体院游泳池边讲解泳池设计特点，1952年
资料来源：东南大学建筑学院

杨廷宝(二排右2)与童寯(二排右4)带领钟训正(二排右1)、齐康(二排右3)、吴明伟(一排左1)等中青年教师考察安徽省采石太白楼,1973年
资料来源:童寯家属

杨廷宝(左2)与钟训正(左3)、姚自君(左1)教学调研,1971年
资料来源:杨廷宝家属

杨廷宝教授(中)给学生讲解中国古建筑
资料来源:杨廷宝家属

杨廷宝在给学生讲解建筑设计,1970年代
资料来源:杨廷宝家属

现代建筑教育的奠基

童寯到访清华大学建筑系，1982 年。前排坐者：童寯；后排左起：胡允敬、汪坦、吴良镛、辜传海、李道增、童诗白
资料来源：童寯家属

湖心亭构图渲染练习,华盖建筑事务所夜校,黄志劭,1930年代
资料来源:东南大学建筑学院

现代建筑教育的奠基

西方古典构图渲染练习，南京工学院，范明浓，1954 年
资料来源：东南大学建筑学院

喷水池构图渲染练习，东北大学建筑系，刘鸿典，1920 年代
资料来源：东南大学建筑学院

纪念碑设计，华盖建筑事务所夜校，毛梓尧，1930 年代
资料来源：东南大学建筑学院

公园石级，南京工学院建筑系，刘桑园，1953 年
资料来源：东南大学建筑学院

现代建筑教育的奠基

公园大门设计，南京工学院，杨为华，1955年
资料来源：东南大学建筑学院

南京长江大桥桥头堡渲染练习，南京工学院建筑系，徐文才，1980年
资料来源：东南大学建筑学院

商场设计（毕业设计），南京工学院建筑系，徐敦源，1955 年
资料来源：东南大学建筑学院

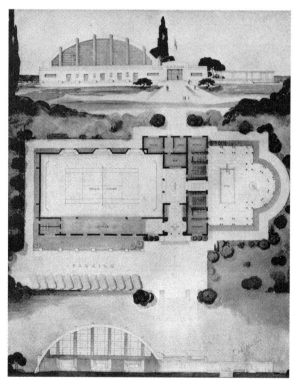

室内网球场设计，沪江大学建筑系，范能力，1930 年代
资料来源：东南大学建筑学院

现代建筑教育的奠基

中国古典构图渲染练习，南京工学院建筑系，石世功，1954 年
资料来源：东南大学建筑学院

纪念亭构图渲染练习，东北大学建筑系，王先泽，1920 年代
资料来源：东南大学建筑学院

公园亭设计，南京工学院建筑系，卢志昌，1961 年
资料来源：东南大学建筑学院

失之东隅，收之桑榆[1]
——浅议1920年代宾大对中国建筑学术之影响

赵辰
南京大学建筑与城市规划学院

前言："宾大帮"，中国建筑界的传说

借东南大学建筑学院90周年庆典活动之际，由童明、李华、汪晓茜等多位学者辛勤研究、准备许久的建筑历史文献展"基石——毕业于宾夕法尼亚大学的中国第一代建筑师"（下称"基石"展），成功地举办并获得了巨大的反响。随后组织者又为此召集了"基石系列讲座"，笔者也受邀做了如题的演讲，而就成本文。

"基石"展涉及的是，在中国近现代建筑历史进程中，从美国宾夕法尼亚大学（the University of Pennsylvania）毕业的一批建筑学者对中国建筑学术产生过重大的历史性影响。这一现象，在中国的建筑学术界是有基本共识的。究其起因，大致是1964年由徐敬直先生在香港出版的关于中国建筑的书中首次书面提出的[2]。从1930—1980年代的中国的建筑学科和行业实际情形中，我们可以清晰地观察到：无论是社会上成功的执业建筑师，还是建筑院校的教授及"营造学社"的研究者，这批1920年代从宾大建筑系毕业的学者，占据了绝对主导的地位。时至1990年代，在被建筑学术界普遍认同的"建筑四杰"[3]之中就占据了3位——杨廷宝、童寯、梁思成。此次"基石"展的成功，意味着对中国建筑学术产生重大影响的1920年代宾大毕业之学者及其学术思想再次受到社会的极大关注和认同。笔者以为，时至中国建筑学术已经得到相当发展和日益受到国际关注的今日，对于由宾大毕业的建筑学者以及他们所带来的"布扎—宾大"建筑学术体系对中国建筑学术体系[4]的历史性影响，值得进行深入的重新评价，以利在当今文化复兴大业之中的中国建筑学术自身的定位，以及与国际建筑学术间更为良性的交流与合作。

---

[1] 该文曾发表于《建筑学报》2018年第08期。
[2] 徐敬直先生叙述到早期从欧美留学归来的中国建筑师情况时提到："1928年是留学回归的最佳收获季节，这帮至少十位左右的中国建筑师至今依然处于领导地位。他们中的多数都受到了宾大保罗·克瑞教授的培训。"（笔者译文，原文为"The best vintage of Chinese returned architects was that of 1928, when a crop of not less than ten returned, and they are now still prominent among Chinese architects Professor Paul R Cret of the University of Pennsylvania was responsible for the training of the majority."）见：SU Gin-Djih. Chinese Architecture, Past and Contemporary[M]. Hong Kong: The Sin Poh Amalgamated (H.K.) Limited, 1964: 133.
[3] 杨永生, 明连生编. 建筑四杰[M]. 北京: 中国建筑工业出版社, 1998.
[4] 对于1920年代的宾大建筑学术体系，因受到巴黎美院（Ecola des Beaux-Arts）影响，而按学界普遍认可而称之为"布扎—宾大"（the Beaux-Arts-Penn's）。

1. 中国建筑学生与"布扎—宾大"历史性的相遇

关于1920年代宾大校园里中国留学生之情形，费慰梅先生在她的《梁思成和林徽因：探索中国往昔建筑的伴侣》一书中，曾因留学生的出众表现而将其描述为所谓的"中国小分队"[1]。显然，这批中国学生既在学业上十分出色，也在其他的文娱活动中相当活跃，他们之中的林徽因、陈植等尤为甚。从各方面的材料，尤其是宾大的学生档案中可以了解到，当时这批中国学生在学业上的表现都是相当优秀的，其中最为杰出的正是杨廷宝、童寯、朱彬、范文照等。我们需要从建筑学术发展史上来认识，时值这批中国留学生活跃于费城的1920年代，正是宾大建筑学科发展历史上最为辉煌的阶段，在宾大的历史上被誉为"赖尔德—克瑞时代"（Era of Laird & Cret），由时任系主任的赖尔德（Warren Powers Laird，1881—1948）和主导建筑设计教学的克瑞共同构成。克瑞1903年抵达宾大之后，在宾大经历一段时间以设计为中心的教学体系营造后而达到了顶峰阶段，在美国全境处于绝对的学术领导地位[2]，吸引了美国内外的大量优秀建筑学生，当然也直接吸引了满怀憧憬的中国学子。由于先后进入宾大建筑学科的朱彬、杨廷宝等的卓越表现，更强有力地吸引了后续的中国学生。于是乎，在1920年代的宾大校园，相对集中的一大批优秀中国留学生和辉煌的宾大建筑学科实现了历史性的相遇。

与之形成对比的是，至1940年代，格罗皮乌斯（Walter Gropius，1883—1969）和密斯（Ludwig Mies Van der Rohe，1886—1969）等欧洲现代主义的建筑学者云集于美国，并在各个主要建筑学术单位起到了主导作用，正值欧洲及世界其他地区因第二次世界大战而难有发展，逐步形成了美国现代主义建筑潮流成为世界绝对领导地位的新态势。而此时的宾大则显然处于相对失落的境遇，由克瑞主导的古典主义建筑学术体系不再是社会的主流。我们可以看到，此时间段里，同样活跃于美国的大量中国建筑学生，几乎无一例外地都放弃了宾大。他们之中就有后来被大家所熟知的贝聿铭、王大闳、黄作燊、陈其宽、张肇康、周卜颐、刘光华等。他们所追随的基本就是美国东部的哈佛大学、麻省理工学院、哥伦比亚大学、普林斯顿大学和中部的伊利诺伊理工学院、伊利诺伊州立大学等。

2003年春，笔者曾经专程对刘光华先生进行采访。刘先生向我言及当年（1944年），从抗战后期的重庆赴美留学，起初还是因杨廷宝、童寯等前辈学者的介绍而入学宾大，但是已经感受到了宾大的建筑学术在当时不够先进而有所纠结。宾大一年的学习之后在纽约遇见了贝聿铭，贝先生告知他自己到美国初期也曾在宾大半年之后转向哈佛的经历，并劝他也赶紧离开。显然，中国留学生放弃宾大的1940年代，即是由于克瑞退休不再主导宾大建筑学科了。所谓"赖尔德—克瑞时代"的结束，而使得宾大建

---

1 FAIRBANK Wilma. Liang & Lin, Partners in Exploring China's Architecture Past[M]. Philadelphia: University of Pennsylvania Press, 1994: 26.

2 "1903年，他被宾大美术系任命为设计教授席位。直至1937年退休为止，他在建筑教育领域具有持续的领导力，深刻地影响了整整一代美国建筑师。"（笔者译文，原文为"In 1903, the School of Fine Arts of the University of Pennsylvania offered him the position of Professor of Design. He was the dominant force in architectural education there until his retirement in 1937, and he had a profound impact on an entire generation of American architects."）详见："宾州大学档案"，https://www.design.upenn.edu/architectural-archives/paul-philippe-cret.

筑主导美国建筑学术的风光不再；更是由于美国的建筑学术已经整体由现代主义思潮所主导，并且集中在格罗皮乌斯主持的哈佛大学、密斯主持的伊利诺理工学院，以及麻省理工学院、哥伦比亚大学等的建筑学院。而此时所谓的"布扎—宾大"范式，作为国际建筑学术的思潮已是明显的末路。这种建筑学科乃至社会的历史性发展态势，并不是某个人、某学术团体的能力所能改变的。事实上，我们看到宾大校园里克瑞晚年的现代主义作品，已全然不具备他原本主张的"古典折中主义"手法与风格，在当时美国的现代主义作品中也算不上佳作。可见，面对强大的时代潮流他已无力回天，让人们感受到所谓"英雄暮年"之无可奈何花落去……

这些情形可以进一步佐证：1920 年代中国留学生云集的宾大是具有领导地位的建筑学术场所；也正是该地位在 1940 年代的丧失而使其不再受到中国留学生的青睐。

因此，所谓"基石"为象征的"毕业于宾夕法尼亚大学的中国第一代建筑师"，不应仅仅将之简单地理解为具有杰出学术成就的一批学者团体，而应该理解为国际建筑学术发展进程中的一个特殊历史事件：主导 1920 年代宾大的布扎学术体系，被集中于此的一批中国的优秀建筑学生顺理成章地接受，并因他们之后在中国的建筑学术事业得以传播而产生至深的影响。从建筑学术的历史意义上来讲，应该是 1920 年代宾大对中国建筑学术之影响。对这一特殊的建筑学术事件所具有的历史意义，是我们今天值得进行重新分析与评价的。下文总体上试图将这种历史事件的得失，归纳为"失之东隅，收之桑榆"两部分，分别加以论述。

宾大校园内的化学实验楼，已是现代主义风格的克瑞作品，1941 年
资料来源：www.RunyanArchitects.com

2."失之东隅":中国建筑学术与欧洲现代建筑的失之交臂

为了对这一历史事件进行分析与评价,有必要对中国近代以来对西方现代文明的学术体系逐步引进和接受情况作一基本的铺垫性讨论。

自鸦片战争之后的中国政府逐步向西方"门户开放",从社会的各个方面呈现为向西方文明全面学习的景象,同时也必然产生了各个层面的文化冲突与矛盾。从大学的学科为代表的学术领域来看,各个学科和学术体系在引进、建立的过程是大有不同的:有相当一部分是由西方主体引进,建立得比较顺利,如科学学科的物理、化学、生物,工学学科的机械、土木工程等领域;而中国传统文化中原本优势的学科和学术则需要借用部分引进的西方学术来改良,如文学、历史、哲学、天文、地理、医学,以及绘画等艺术领域,则显得相对艰辛。无论是主体引进的还是部分引进的,西方学术体系的先进性显然是以科学为代表的现代文明,这必然成为中国学者在向西方学习时的最主要目的。更进一步地,则是从中国文化传统之中挖掘与西方现代文明沟通、融合的可能。近代中国学术发展进程中的核心难题,都明显地反映为如何将中国的传统文化与西方的先进文化融合的基本问题。

近代中国所引进的建筑学,在西方已是交叉、汇集多专业社会文明结晶之"精英化"的学科,但在中国的文化传统中却是缺乏根基。自然,引入建筑学的过程不可能简单顺利:其中,如何合情合理地诠释中国自身文化历史中的营造传统,使之与国际现代文明体系之一的建筑学科接轨,成为充满艰辛的关键难题。从中国的文明历史来看,我们并没有及时应用科学、技术并在建筑表现上呈现不断进取(innovation)的文化传统。而该传统在国际性的现代文明体系中是具有一定核心价值的。与此同时,至中国高等教育体系从西方引进并建立建筑学科的 1920—1930 年代,建筑学在西方现代社会中显示出重要的文化、艺术表现力乃至社会政治的诠释能力,已是关系到现代国家社会制度与意识形态的重要学科。故而,作为向西方引进的学科,建筑学在学术体系建立过程中所遇到的麻烦是双重的:既接受了如何正确理解、传递国际现代文明与现代性之"使命",又承担了向世界范围展示中国作为近代民族国家的形象之"职责"。这也是中国建筑学科在学术意义上的核心难题。以笔者对近百年来的中国建筑学科发展历史之批判性回顾来看,这双重的"使命"与"职责"是相互关联的,这意味着:建筑学意义上的理解和传递国际现代文明和现代性之不到位,从而导致难以在国际视野相对正确地诠释中国形象[1]。或者,可以批判性地归纳为:中国近代以来建筑学术发展进程中的历史性失误,正是表现为对国际现代文明的理解、引介的不力,同时又过于急切地向世界展示中国建筑的"形象"……

我们以此来看"毕业于宾夕法尼亚大学的中国第一代建筑师"展览,所反映的 1920 年代宾大对中国建筑学术影响之意义:由于 1920 年代的宾大是作为学

---

[1] 赵辰.关于"土木/营造"之"现代性"的思考[J].建筑师,2012(4):17-22.

院派的古典主义建筑学术大本营而冠之以"布扎—宾大"范式，直接导致了中国建筑学术体系建立之初和后期的历史过程之中长期而主导性地受古典主义影响[1]。尤其作为历史巧合的是，同时期（1920年代）的欧洲，已经强劲地兴起了以"包豪斯"为代表的现代主义建筑思潮，影响到美国，并与以"芝加哥学派"为代表的美国现代主义建筑潮流汇合，在随后的1940年代成为主流。而"布扎—宾大"范式在中国的主导性，明显阻碍了中国建筑学术对欧洲现代主义思潮的引进和接受。虽然。当时的中国也存在局部的，如1932—1938年期间的广州之勷勤大学[2]，以及在上海、南京等地的现代主义建筑实践与学术推广，但是相对来讲显得局部而短暂。总体来看，"布扎—宾大"范式长期占据着主导性的地位。这在以梁思成为代表的中国第一代建筑学者对中国建筑历史的诠释性工作中体现得尤为明显。

从中国建筑学术与国际现代主义建筑思潮的关系来讨论，这是一种"邂逅"与"失之交臂"的历史现象，笔者曾经对中国建筑学术的近代历史演进过程，以"现代主义与中国的邂逅与失之交臂"为话题，在各种场合进行过多次讨论[3]。

我们似乎可以分析性地理解到这样一种情况，中国学者长期谋求引进和接受的西方现代主义，在历史的进程中似乎一直受到了某种力量的阻碍，从而发生了多次的"失之交臂"现象。当然，中国建筑学术体系建立之初是其中最重要的一次：现代主义的建筑思潮于第二次世界大战之前在欧洲兴起，而后在美国盛行。大致就是1920—1940年代，而具有历史巧合的是，1920年代中国建筑学者集中前往的是美国的宾大而不是欧洲，接受的恰恰是以古典主义为中心的建筑学术体系，并且明显在随后的中国建筑学术体系中产生了重要影响。可以作为对比的同时期现象是，日本留学欧美的建筑学科的学生，未出现集中于宾大的情况；即便有与杨廷宝等同学的日本学生，事后在日本也未产生重大影响[4]。

作为具有艺术表现力和社会教育意义的建筑学，非西方文明国度在从西方引进时难免会有所选择；有趣的现象是，古典主义的艺术风格论与民族主义的政治主张得到了成功的结合，成为在中国建筑学术体系建立之初的基本价值取向，其实也是其他不少非西方文明国度的普遍选择。作为宾大毕业生的梁思成以及营造学社的工作，十分成功地为这一学术体系的建立奠定了厚实的基础。同时，也因符合整体的中国近代社会政治生态的基本需求，以梁为代表的中国建筑学术体系奠基者们，得到民国期间社会各界的认可和国家机器的支持[5]；1950年代，由于苏联对新中国强大的意

---

1 中国建筑学术体系中的西方古典主义影响早期来自于1920年代的"布扎—宾大"，而后期又受到1950年代的苏联的影响。
2 关于1930年代广州之勷勤大学及中国近代早期现代主义建筑学术的引进与接受，可参见彭长歆对华南科技大学建筑学院的历史及其相关研究。
3 笔者以为，除了1920—1930年代的欧洲现代主义对中国（以广州、上海为主）的传递作用之外，还有1950年代，以计划经济为背景下的标准化、工业化的建筑业的发展，以及居住区与工业化的城镇规划等。
4 黑石泉. 巴黎美术学院（布扎）教育体系在美国和日本的变形 [M]// 赵辰，伍江主编. 中国近代建筑学术思想研究. 北京：中国建筑工业出版社，2003.
5 1929—1931年间南京国民政府制定的"首都计划"，明确了以墨菲（Herry Murphy）所倡导的"中国建筑文艺复兴"以及"营造学社"研究成果综合而成的中国官式大屋顶建筑外观形式，为所谓的"固有形式"，并指定为民国官方建筑的外观形象。

识形态影响，进一步地强化了古典主义艺术风格论与民族主义政治主张的结合[1]。

这恰恰阻碍了中国社会原本希望学习国际现代文明的脚步，在建筑和艺术领域上，则正是现代主义为引领的艺术与文化思潮。我们可以由此联想到另一历史现象是，前文所提及的1940年代在美国成功地接受现代建筑思潮熏陶的中国建筑师们，虽然其中也有贝聿铭等巨大成功者，但在1950年代的中国大陆却未能产生多大的现代建筑影响。其实这种整体的社会现象，在所谓的学科意义上也不仅限于建筑学——在整个非西方文明国度的文化、艺术领域都有相当充分地表现。如中国美术界以刘海粟为代表的写实风格的学院派阻碍了林风眠为代表的"现代派"；音乐界的影响更是直至当代，以谭盾为代表的新兴音乐力量依然受到一定的阻力。在所谓的国度意义上也不仅限于中国，类似的有东方社会主义阵营之苏联、东欧以及越南、蒙古国，尤其是朝鲜，至今依然可以感受到这种影响和情结（complex）所在。此可以解读为西方古典主义与东方民族主义的结合，而以历史回顾的批判视角来看，这是一种阻碍非西方文明国度引进和接受国际现代文明的力量。

这些回顾与分析让我们了解：1920年代"布扎—宾大"范式对中国建筑学术之明显的影响，正是古典主义建筑学术的强势主导阻碍了中国建筑学术接受欧洲的现代建筑，也错过了1940年代的美国现代建筑思潮。这正是历史性的消极意义，也即本文所定义的所谓"失之东隅"。在以往的一些关于中国近代建筑学术思想研究论述中，这一点已经有了比较多的讨论。然而，以辩证的观点来看待这一历史现象，笔者希望历史性地分析这一现象的另一面，也就是积极意义的方面。正所谓，"失之东隅"则应有另一面的"收之桑榆"。笔者以为，这也是当下与未来中国建筑的发展需求值得关注的建筑学术导向。

3."收之桑榆"：中国建筑学术受益于西方"精英主义"建筑美学的洗礼

建筑学作为一种学科和学术，在西方文化背景的社会学科分类之中并非类似于其他普通的某一学科，而是汇集文、理、工多学科领域而又博采众学科之冠的学术领域。因而，作为建筑师和建筑学者，也自然是兼先天禀赋与后天修炼而成就的博雅贯通之人才。在学科和人群类别的社会意义上，建筑学具有明显的"精英主义"或者"精英化"倾向。

这种所谓的"精英主义"的文化与艺术，源自于欧洲历史上以皇家与贵族为代表的上流社会，集中占有社会发展的资源而高于社会基本生活水平之上。高水平的文化与艺术成为贵族社会高尚生活的内容。在欧洲文明历史中的绘画、音乐、雕塑、建筑等文化与艺术之高水平成就，也就是所谓以"古典主义"（Classicism）为风格规范的艺术，都基本集中在贵族社会的文化范畴，是以贵族的消费与欣赏水平为标准的。从欧洲的文明史来看，尽管这种以社会少数集权人群所拥有的文化与艺术体系，在近现代国际社会的民主化、公众化发展进程中被广泛诟病，必须承认的是，"古典主义"文化与艺术所达到的

---

[1] 赵辰."古典主义"与"民族主义"，梁思成建筑理论体系的矛盾性与悲剧性之分析：立面的误会 [M]// 甘阳．文化、中国与世界新论．北京：生活·读书·新知三联书店，2007.

人类文明之美学水平是至高的，成为人类文化的重要成就，在世界文化与艺术的各个领域依然呈现出深刻的影响力。西方建筑学术的发展中，文艺复兴之后至19世纪末的法国"布扎"成为这种"精英化"的建筑学术之集中大本营。1920年代的美国宾大之建筑学术作为美国的"精英化"建筑学术代表，所谓的"布扎—宾大"范式正是其核心价值。笔者希望以此来论述，所谓"毕业于宾夕法尼亚大学的中国第一代建筑师"，在1920年代宾大所接受的这种"精英主义"或"精英化"的建筑学术和美学洗礼今天有必要重新认识其积极意义所在。

1）中国建筑学术奠基者的布扎—宾大"精英化"之道

克瑞所主持的1920年代宾大建筑学科，是典型具有"精英化"特征的建筑学术体系。从克瑞在建筑学术的"折中主义"（Eclecticism）主张，我们可以更深刻理解这种"精英主义"的学术思想。

经历了欧洲多种历史主义的单一风格之复兴（如希腊、罗马、拜占庭、中世纪、文艺复兴和东方情调等）之后，19世纪的欧洲艺术之都——法国巴黎，开始逐渐形成一种博采众长而不必拘泥单一风格，重新组合历史主义的各种样式。这样的艺术综合倾向的"风格"，在哲学、美学和建筑学术上定义为"折中主义"。这也可以视为"古典复兴"（Neo—Classic）成熟期的一种艺术倾向，并在以巴黎为代表的欧洲城市公共建筑设计中有成功的实践表现。巴黎歌剧院，正是作为这种艺术主张最为代表性的建筑案例，影响十分巨大。同时这也是"布扎"的设计教学之美学与方法论的主导倾向。克瑞正是被这种学术体系所成功培育的"布扎"之高材生，将此模式在美国的宾大成功地传授，并根据美国的社会高速发展之建筑实践需求进一步有所拓展。

在以往多见的建筑历史与理论的文献描述之中，"折中主义"常常被简单地描述为对各种历史主义的风格进行实用主义的模仿，甚至简单化地称之为"模仿主义"。以至于，"折中主义"长期被作为一种贬义词而在哲学、美学界盛行，这其实是有相当的误解的[1]。"折中主义"的原意，应该是"择优"[2]，也就是说，在各种以往的艺术风格中选择最好的，根据今天的实际需求来组合成相应的设计；应该理解为不计艺术主张的差异，而重视采集各种艺术主张、倾向的精英，是明显的"博采众长"之意。克瑞显然是这种主张的忠实践行者，我们可以从他对现代主义建筑思潮的态度得到明确的证明：他对当时在欧洲兴起的现代主义建筑思潮并非一味地抵制，而是不赞成现代主义对古典主义美学的全盘否定，希望将古典主义的艺术形式进行适当的改良并保留其优点部分，是一种改良主义的标准。这显然是以"折中主义"的择优标准为原则的，无论古典、现代都应是符合优雅宜人的美学标准[3]。这种观点，实际上是有相当的可取之处的。

---

1 王晓朝."折中主义"考辨与古希腊晚期哲学研究 [J]. 哲学动态，2001(9)：9-14.
2 参见维基网关于"折中主义"（Eclecticism）的解释：The term comes from the Greek ἐκλεκτικός（eklektikos），literally "choosing the best", and that from ἐκλεκτός（eklektos），"picked out, select".
3 克瑞对建筑的现代转型之观点："我们都知道关于语言的转形有这样的说法：'语言的健康变化应该能隐含原本含意而没有伤害。'在这点上，建筑的转形应该是相同的。"Elizabeth Greenwell Grossman. The Civic Architecture of Paul Cret [M]. New York：Cambridge University Press，1996.

笔者以为，克瑞和"布扎—宾大"体系的折中主义美学也可以理解为对人才培育意义上的"择优"，也即中文中"不拘一格降人才"的"撷英"之意。1920年代进入宾大建筑学科的中国学子，正是这样一批极其优秀的社会"精英"。我们已经可以从他们在宾大期间的表现看到，以杨廷宝为代表的这批优秀中国学生，在进入宾大之后都能够迅速适应环境并免修数门基础课（如英语、绘画等），在建筑设计等专业课方面更是频频获奖，从而使得他们几乎都突破普通学生的学习年限而提前获得学士或硕士学位。而在克瑞事务所的实习，更是使得他们直接经历实际工程项目的历练。从克瑞当时的一些著名作品之中我们应该可以看到这种"折中主义"的设计原则和手法，同时也可以看到对"精英化"人才的培育与选拔。可以说，"基石展"所表现的"毕业于宾夕法尼亚大学的中国第一代建筑师"，正是当时中国社会精英之中的精英。事实上，这些社会精英的培育并不只是由宾大的大学教育一步完成。

1920年代，中国近代以来对西方世界的"开启国门"过程已经历了相当的历史进程。早在1872—1875年间，容闳先生发起"留美幼童"之首批中国赴美国留学事业，随后经历诸多事变，涉及大量中、西方的经济、政治、军事、文化、行为等诸方面的矛盾，在开放与守成之间的博弈中形成了波浪形的八国联军侵华事件，导致随后美国政府以"庚子赔款"设立中华教育基金，并在此基础上建立"清华留美预备学堂"，形成了中美之间教育交流重大而特殊的态势。虽然去往欧洲和日本的中国留学生不在少数，但是由于"庚子赔款"形成的官费支持及其选拔、培训（预备学堂）机制之作用，经清华学校的选拔而进入美国优秀学府的学子之水准，是远超过其他国家和非清华的留学生。尤其是由梁启超等先进学者提议而设立的"国学研究院"，以利留美学子们在广泛涉猎西方科学知识的同时培养国学传统的修养，使得清华学校的博雅教育水平极高。"基石展"所追溯的这一批"毕业于宾夕法尼亚大学的中国第一代建筑师"，其主体即经历了清华学堂的培育和选拔。由此可见，1920年代经由清华学校到宾大的求学之路成为中国建筑学术的精英之道。

底特律艺术学院，杨廷宝参与的克瑞事务所项目，1927年
资料来源：https：//www.dia.org

作为经历了以"宾大—布扎"学术体系熏陶的中国第一代建筑师，顺理成章地成为中国建筑学术之"基石"；也因为"宾大—布扎"的"精英主义"美学倾向，使得中国建筑学术体系奠基阶段就成为国际"精英化"建筑学术的一分子[1]。

2）"精英化"的中国建筑学术在新的历史时期被国际性认知

中国的建筑学术自近代奠基以来，经历社会多次跌宕起伏的发展，至1980年代因改革开放而迎来了全新的历史性高速发展时期。尤其是人类历史上最为壮观的城市化进程，带来了中国建筑令人吃惊的大规模、高速度发展，吸引了全世界的各种目光，也产生了相当的国际建筑学术问题——正是以西方文化为传统的建筑学术（精英化）受到了挑战。

自1980—1990年代，国际建筑学术界对中国建筑的评价基本是矛盾的：在被以规模数量为特征强力吸引而肯定的同时，在建筑学术上却是基本否定的。库哈斯（Rem Koolhaas）在1997年以"珠江三角洲"（The Pearl River Delta）为题发表的对当代中国建筑研究成果中，提出了"中国建筑师"（Chinese Architect）的定义，他以"效益"（efficiency）为指标性的概念，得出中国建筑师2500倍于以美国为代表的西方建筑师，明确地指出西方定义的"建筑师"（Architect）在中国的不适用[2]。

显然，库哈斯在真实地诠释了中国建筑师社会实际状况的同时，也强化了中国建筑与西方精英化的建筑学术的差异。笔者在认同库哈斯的基本认知基础上，同时也保留不应忽视中国建筑内在的精英主义的成分之看法，这是在中国建筑学术奠基阶段就已有的基本属性。当然在中国40年来改革开放之高速城市化进程中，建筑师的工作因规模数量的过度显现而难以被感知。事实上，中国建筑学术的发展注定有着与西方建筑不尽相同的历程。以追求建筑艺术表现力的质量为特征的"精英化"建筑学术，毕竟在具有"精英化"素质的中国建筑师手中，在大规模的不断实践之中艰难地摸索着前进了[3]。

2000年之后，中国建筑学术在实践、研究、传播等各个方位都得到进一步的发展，其中具有精英化价值的学术意义，正在逐步地被国际建筑学术界认知。在这样的背景之下，以"布扎，克瑞与20世纪中国建筑"（The Beaux-Arts, Paul R Cret and 20th Century Architecture in China）为题的国际会议（以

---

1 根据王俊雄先生的统计，至1937年为止的宾大建筑学科19位中国留学生中有11位均毕业于清华学校。王俊雄. 中国早期留美学生建筑教育过程之研究——以宾州大学毕业生为例[R]. 台湾地区"国科会"专题研究, NSC88-2411-H-032-009, 1999.

2 库哈斯以"珠江三角洲"（后期正式发表时名为"大跃进"）为题的研究报告中，选择了美国以及欧洲一些重要国家与中国进行对比，以建筑师人数、项目数量、设计费等要素分析归纳出建筑师的"效益"之概念，并证明是中西方定义的"建筑师"概念之重大差异。原文为："The CHINESE ARCHITECT designs the largest volume, in the shortest time, for the lowest fee. There is 1/10 the number of architects in China than in United State, designing 5 times the projects volume in 1/5 the time, earning 1/10 the design fee……This implies an efficiency of 2500 times that of American architect." Rem Koolhaas. Great Leap Forward (The Pearl River Delta) [M]. New York: Aschen, 1997.

3 Yonghe Chang. Learning from Uncertainty[J]. AREA, 2004.

下简称"宾大会议"),开始酝酿并最终于 2003 年 10 月在美国费城的宾大召开。

这是首次将中国建筑作为与国际建筑有直接关联性开展的学术问题研讨会,并以重新认知中国建筑与 1920 年代"布扎—宾大"建筑学术范式之联系为主题。正是在此会议上,今天的"基石展"所表述的所谓"毕业于宾夕法尼亚大学的中国第一代建筑师"之内容才被公众广泛了解。来自中国、美国以及欧洲的建筑学者贡献了广泛的研究成果。笔者作为亲历者,至今依然记得在发言时首先表达的就是"乐见中国问题成为国际问题",发言内容正是两年之后以中文名《"立面"的误会》整理发表而被大家熟知的一文。该文也是笔者检讨梁思成等中国第一代建筑历史学家,套用"布扎—宾大"的古典主义建筑学术体系诠释中国传统建筑,从而丧失以现代主义建筑理论与中国"土木/营造"传统之内在关联的失误,显然属于本文上一节中讨论的"失之东隅"的内容。然而今天笔者以为,我们更需要重新认识的是,关于"布扎—宾大"的古典主义建筑学术作为社会意义的"精英化"价值,及其在中国建筑的国际化进程中被接受的价值。此意在该会议的主要倡导者、著名建筑理论和历史学家里克沃特先生(Joseph Rykwert)所做的演讲——"布扎国际主义"(Beaux-Arts Internationalism)已成要义。笔者的理解是,中国建筑显然作为他定义的"布扎国际主义"传播路线上的一个端点,而具有特殊的意义。将夏南悉先生(Nancy Steinhardt)的报告"在布扎前夜的中国建筑"(Chinese Architecture on the Eve of the Beaux-Arts)联系起来,则更能加深这样的理解。某种意义上讲,此次会议可以被看成中国建筑被国际"精英化"的建筑学术界重新认同的转折点。

回顾起来,在"宾大会议"之前,有相当的中国建筑学术活动有力地促成了这个历史性阶段的形成。2001 年,德国柏林的"土木,中国的青年建筑"(Tu MU, Young Architecture in China, 2001, Berlin),是国际建筑学术界其中较早的一次正面地引介中国建筑之活动。随后的欧美各种关于中国当代建筑展以及媒体报道和出版物,开始了国际建筑学术界第一波对于中国建筑认知浪潮。而有直接推动意义的关于宾大毕业的中国第一代建筑师的历史研究,据笔者所了解,在"宾大会议"前后,先后有王俊雄、阮昕、李仕桥、赖德霖、冯仕达、王贵祥等学者介入了此主题。其中王俊雄[1]和阮昕[2]两位的研究比较重要而有代表性,尤其是阮昕发表的论文直接引发了里克沃特举办"宾大会议"的意图。在此期间,由笔者与伍江、龙炳颐共同发起和酝酿于 2002 年 5 月在南京大学举行的"中国近现代建筑学术思想国际研讨会",将阮昕、郭杰伟(Jeffery Cody)等学者聚集起来,成功地对中国建筑学术体系在近代建立之初与国际建筑学术的关联作了广泛探讨的同时,也为"宾大会议"做了成功的衔接,成为"宾大会议"最直接的铺垫和有效的准备[3]。

自 21 世纪起,对中国建筑的学术意义开始在国际建筑学术界逐步得到认知,这首先得益于中国建筑优秀作品在国际视野中的不断涌现,相应的建筑媒体

---

1 王俊雄. 中国早期留美学生建筑教育过程之研究——以宾州大学毕业生为例 [R]. 台湾地区"国科会"专题研究,NSC88-2411-H-032-009,1999.

2 Xing Ruan. Accidental Affinities: American Beaux-Arts in Twentieth-Century Chinese Architectural Education and Practice[J]. Journal of the Society of Architectural Historians,2002,61(1):30-47.

3 "中国近现代建筑学术思想国际研讨会"于 2002 年 5 月在南京大学举行,主要参加者有赵辰、伍江、刘先觉、侯幼彬、朱光亚、张复合、郭杰伟(Jeffery Cody)、村松伸(Muramatsu Sin)、中谷礼仁(Norihito Nakatani)、黑石泉(Izumi Kuroishi)、阮昕、李仕桥、赖德霖、冯仕达、朱剑飞、贾倍思等;会后出版了由赵辰、伍江主编的《中国近代建筑学术思想研究》(中国建筑工业出版社,2003 年),并在"宾大会议"期间成为该会议上的主要参考文献。

活动逐步活跃，而以中国建筑为主题的国际学术性活动（会议、展览）显然也是其标志。若把"宾大会议"作为这样的一个标志性意义象征，这意味着："精英化"的中国建筑学术在新的历史阶段得到了国际性的重新认知。而"基石展"所展现的"毕业于宾夕法尼亚大学的中国第一代建筑师"，实质上正是这一段曾经的"精英主义"建筑洗礼的历史之回顾。

4. 结语：建筑学的"精英化"意义

"基石展"的巨大成功说明，几十年前"毕业于宾夕法尼亚大学的中国第一代建筑师"依然能深深地打动今天的观众，这些尘封了几十年的历史画面足以令今天的专业工作者和公众们泰山仰止。大家所感动的具体内容，显然既有当年先辈们所取得巨大的学术成就，更应该有所呈现的这些杰出学者的"精英化"建筑师形象。"基石展"作为一项建筑历史的研究工作，有效地协助我们今天加深认识中国建筑学术回归"精英化"的趋势。

中国建筑的发展经历了在 1930 年代奠基以来的初步发展和战乱时期的停滞，又有了 1949 年之后多年缺乏国际交流的相对孤立发展，至 1980 年代之后国际交流背景之下的大规模高速城市化进程，终于来到了整体社会、经济、文化都发展到一定水准而相对稳定的"新常态"的当下，并与国际建筑学术有了相当正面和平等的互动。建筑学的本质性特征越来越在中国社会中显现出来，我们应该对之有所理解和相应的推动。那就是，建筑学应该是凝聚和贯通人类文明"博雅"之高贵文化。因此，作为推动社会文明进程的优秀建筑师们，尽管各自可以拥有不同的建筑文化观念和主张，却都理应是社会文明的精英人群。

进而，我们应该认识到，建筑学的教育也必然是对具有禀赋的学子加以严格规训的一种"精英化"培育过程。"基石展"所再现的"毕业于宾夕法尼亚大学的中国第一代建筑师"，应该给予今天为中国的建筑文化与学术深化发展而努力的建筑师和学者们一个很好的启示。

范式转型中的中国近代建筑
——关于宾大建筑教育与美式布扎的反思[1]

童明

1. 文化视角下的中国近代建筑史研究

中国近代建筑的发展，总体而言是被放置于东西文化碰撞的背景中进行审视的，而这一过程，往往又以毕业于美国宾夕法尼亚大学的中国第一代建筑师为聚焦点。

在20世纪二三十年代，大约二十多名年轻的中国留学生前往美国宾夕法尼亚大学（以下简称"宾大"）学习建筑，接受了以布扎为主导的系统性教育，并且在回国之后，开始在各地开展实践工作，积极投入到实业救国的事业之中。

他们不仅在上海、南京、天津、重庆等城市设计了大量的住宅、商业、影院、学校、医院和办公等各类新型建筑，打破了外国建筑师的垄断地位，而且也形成了中国自己的建筑执业体系，为中国现代建筑事业的发展作出了巨大贡献。当时最重要的建筑师事务所，如基泰工程司、华盖建筑师事务所、范文照建筑师事务所等，其主要成员都来自毕业于宾大的留学生。与此同时，他们将在美国所获得的学识与方法带回国内，创立或协建了中国自己的建筑研究体系和教育体系，中国最早成立的一批建筑院系，如东北大学、中央大学、清华大学、之江大学等，都与这批毕业于宾大的留学生密不可分。

这一过程基本上也完全映射了中国近代科技史与学术史的发展。自19世纪末到20世纪初，众多中国学子开始出国留学，他们直接接受海外教育，并且在学成归国后，带回大量来自西方的理念与知识，通过艰苦卓绝的开创性工作，从无到有建立了自己的专业与学科体系，并开展了与之相应的实践与教育工作，奠定了中国近代各项事业的新发展。

由于建筑学并不等同于一种纯粹的科学技术，它与社会现实密不可分，因此在引入西方建筑学体系的同时，最早一批留洋归来的中国建筑师所面临的一个核心议题就是：来自西方的建筑学体系，应当如何与中国的传统建筑以及当前的社会现实相结合，从而走出一条自己的现代化发展之路。针对这一问题的解答，也相应构成了关于中国近代建筑研究的主要线索。

在《中国近代思想史与建筑史学史》一书中，赖德霖认为，"伴随着西方建筑学作为一门专业学科在中国的播布与生根，外来建筑家和刚刚登上历史舞台的中国现代建筑家们都要面对诸如'中国古代有无建筑''何为传统的中国建筑学'与'中国的建筑特征为何这样'的问题，同时也需要认识外国建筑的发展，进而评价中国建筑学在世界建筑学体系中的地位，以及中国建筑在现代社会条件下存在的必要性及其复兴的可能"[1]。在与业已步入现代化进

---

[1] 该文曾发表于《建筑学报》2018年第08期。

程的欧美国家及其科技与文化的接触过程中，民族意识的觉醒是一种自然反应，有关民族形式的探讨也相应成为新建筑创作的主要内容。

进一步而言，这类议题的关注点很自然就可以集中于以布扎为核心的西方建筑教育体系以及以《营造法式》为代表的中国传统建筑体系，因而以布扎教育为基础的第一代宾大留学生基本上也可以由此描述。

夏南悉将他们以及所作的主要贡献归纳为：1）布扎体系的建筑师采用中国传统建筑风格来呈现的现代建筑；2）遵循传统风格进行修复的中式建筑；3）《营造法式》等相关文献的研究学者；4）中国第一代建筑历史学家，他们开始进行系统的实地调研，重新发现了许多重要的中国古代建筑[2]。

从今天看来，这样一些议题的提出无疑仍然合理且重要，并且在近代建筑研究中取得了较为成功的效果。诸如赵深所谓"融合东西方建筑学之特长，以发扬吾国建筑固有之色彩"[3]，或者董大酉所谓"于趋从现代矜式之中，仍寓有本国文化之精神"[4]，所探讨的若非"中国固有式"的现代化，就是"现代国际建筑"的中国化。

然而这样一种归纳也造成了一定的简化，很容易形成"现代"与"西方"、"传统"与"中国"的对应关系，并且逐步凝结成为如何理解、如何融合由外引入的西式建筑方法与原本固有的中国传统建筑的议题。所注重的是如何在现代化过程中传承中国传统建筑，或者如何在世界建筑格局内界定中国的传统建筑，并且促成了诸如"中国古典复兴式"的建筑实践[5]。

在现实中，这一努力的主要方法体现为局部或整体地采用传统建筑的造型样式或装饰纹理，采用现代结构和现代材料进行设计及建造。但是这一做法与同时期正在欧美等国蓬勃发展的现代主义建筑明显不同。贾倍思等认为，"仅从作品是很难将任何一位中国建筑师定义为现代主义者，而且中国建筑师们将大量精力放在了古建筑研究上"[6]。尽管以营造学社为代表的针对中国传统建筑的大量研究，以及中国建筑师学会针对中国新风格建筑创作的密集探讨，都曾经试图推动中国建筑的现代化发展，但是理想中的理论与实践的互动作用始终未能形成。就如李士桥所言，"梁思成对于建立中国建筑历史的高度见解却在建筑实践中没有相应的成就和影响，20世纪中国建筑实践对中国传统的理解始终没有离开形式上的探索"[7]。

与前一个时期洋务运动中"中学为体，西学为用"的思想相比，建筑因其实用因素以及视觉因素的考虑，对于这一时期该思想可以转换为"中式为形，西法为骨"（China Form, Western Content）[8]的

---

1 赖德霖. 中国近代建筑史研究 [M]. 北京：清华大学出版社，2007：114.
2 https：//en.wikipedia.org/wiki/Paradigm.
3 赵深. 创刊词 [J]. 中国建筑，1932，1（1）：1.
4 董大酉. 上海市医院及卫生试验所 [J]. 中国建筑，1935，3（2）.
5 "中国古典复兴式"的说法，起初是以外国教会建筑师如加拿大建筑师何士（Harry Hussy）、美国建筑师茂飞（Henry Killam Murphy）的建筑实践为代表，然后也指中国建筑师的一些建筑实践，如吕彦直的南京中山陵、广州中山纪念堂的设计。赖德霖. 中国近代建筑史研究 [M]. 北京：清华大学出版社，2007.
6 贾倍思，贾云艳. "新建筑"还是"革命"，中国建筑先行者们的选择 [M]// 赵辰，伍江主编. 中国近代建筑学术思想研究. 北京：中国建筑工业出版社，2002：26.
7 李士桥，中国近代建筑中的历史与现代性 [M]// 赵辰，伍江主编. 中国近代建筑学术思想研究 [M]. 北京：中国建筑工业出版社，2002：50.
8 Peter Rowe, Seng Kuan. Architectural Encounters with Essence and Form in Modern China[J]. Cambridge, MA：MIT Press, 2002：55-61.

操作策略，传统中国建筑意味的是装饰手法，而现代建筑体现的则是技术策略，或者就是新式结构。由此在许多场合中，无论是关于"传统"与"现代"，还是关于"中国"与"国际"，较多的回应往往聚焦于风格样式，而非建造原理。

在 20 世纪之初，建筑学作为一门学科与专业在中国开始形成，这并非是一个孤立的历史现象，而是时代发展下的社会需求的具体表现，并引导了社会对于建筑的认知与需求的转变[1]。这需要我们转变以往的关注方式，甚至可以认为，对于民族主义、风格样式等问题的过度关注，遮蔽了对于更深层次的建筑学问题的探讨。而这一工作的进行，既需要采取一种更为开放的社会时代视野，同时也需要聚焦于专业内部的建筑学要点。

2017 年 11 月 21 日于南京江苏省美术馆举办的"基石展"就成为了这样一个契机。展览力图基于一种跨文化（Cross-Cultural）的视野，通过大量史料的呈现，将主题聚焦于第一代建筑师在宾大所接受的建筑教育，以及归国之后对于中国近代建筑发展所作出的杰出贡献。从另一角度而言，展览取名为"基石"，不仅意味着这一批建筑师对于中国近代建筑发展所扮演的奠基者角色，而且也试图导向一种更深层次的含义。它所指向的是一种建筑学基础，所对应的是普遍性的时代变革，以期在一种宏观视野下，通过梳理条理清晰、脉络明确的线索，去反思他们对于中国建筑事业所带来的变革以及作出的贡献，并为当下的中国建筑实践提供借鉴。

2. 基于范式转型理解的中国近代建筑发展

1）关于范式及其转型

如果将第一代建筑师所开创的中国近代建筑发展放置于现代建筑发展的宏观背景中来看，它所呈现的不仅是各种体系的创立与发展，而且也是体系之间的传承与转型，所受到的影响既来自于西方，也来自于本土。这一过程可以称作为一种整体性的范式转型，而其中的焦点则在于他们所学习的布扎方法体系。

所谓"范式"（paradigm）一词，所指的是"在科学与哲学中的一系列概念或思维模式，诸如理论、研究方法、基本假设以及基本准则，它们构成了某一领域的合理性"[2]。在 1843 年出版的《牛津词典》中，"范式"被定义为"模式、模型、范例"，其字源来自希腊文，存有"共同显示"的含义[3]。

针对"范式"一词最为著名的使用，无疑是托马斯·库恩（Thomas Kuhn）[4]在《科学革命的结构》（The Structure of Scientific Revolution）中所提出的见解。他认为，这种革命并非是一种经由事实积累而来的一种变革，思想和科学的进步是由新范式代替旧范式所构成的，当旧的范式变得日益不能解释新的或新发现的事实时，能用更加令人满意的方法来说明那些史实的范式就取代了它[5]。在库恩的释义中，所谓的范式，就是"某些实际科学实践的公认范例——它们包括定律、理论、应用和仪器——在一起为特定的、连贯的科学研究传统提供模型"[6]。具体而言，

---

1 赖德霖. 中国近代建筑史研究 [M]. 北京：清华大学出版社，2007：114.
2 https://en.wikipedia.org/wiki/Paradigm.
3 同上。"范式"一词来自于希腊语 (paradeigma)，其动词形态 (paradeiknumi) 的意思是"展示、呈现、表露"，其词语组合中，"para"的意思是"另外、超出"，"deiknumi"的意思是"显现、呈现"；总体的意思为，超越表面性的一种本质呈现。
4 托马斯·库恩 (Thomas Kuhn, 1922—1996)，美国历史学家、物理学家、科学哲学家。
5 托马斯·库恩著. 科学革命的结构 [M]. 金吾伦，胡新和译. 北京：北京大学出版社，2003：85.
6 同上：9.

这种重大成就形成科学发展中的某种模式，进而形成一定观点和方法的框架，并相应成为该学科的行为合理性的基础，成为各种活动所依托的内在根据（source and origin），使得这一信条的遵循者们都感到坚定不移、信服确定，并且广为应用。

无论在逻辑上还是在实际中，"范式"与某种"科学共同体"（scientific community）密切相关。所谓的"科学共同体"就是由一些科学专业的实际工作者所组成，他们由所受教育和训练中的共同因素而结合一起，并因此在专业方面拥有较为一致的共同目标，包括如何培养自己的接班人[1]。

库恩将这样一种专业方面的共同信念称作"范式"，亦即"一种公认的模型或类型"，或者一个"科学共同体"中的成员所共有的共识[2]。与此相应，也正由于所有成员接受了共有的范式，因而才结成这个科学共同体，即便他们在其他方面存有不尽相同的观点。

所谓的范式转型（paradigm shift），就意味着这样一种共识体系或是在现实中受到了难以回应的挑战，或者在思维根基方面遭到了难以弥补的颠覆，从而不能继续作为一种共识性的基准。另外，由于受到先前的观念与信仰的制约，一些以往未被认识到的或者被认为不太重要的因素得到关注，并逐渐取代了原先的范式而成为新的共识体系[3]。一旦这一范式得到转移，科学社群就会在新范式的指导下开始新的工作，新的常态科学就从此确立。

与此同时，范式转型也意味着新学科的诞生。"每一次革命都迫使科学界推翻一种盛极一时的科学理论，以支持另一种与之不相容的理论。每一次革命都必然会改变科学所要探讨的问题，也会改变同行们据以确定什么是可以采纳的，或怎样才算是合理解决问题的标准。"[4]

2）范式转型视角下的中国近代建筑发展

中国近代建筑的成形与发展，可以认为就是一种范式转型。这意味着这是不同以往的一种新的建造体系与方法的采用，一种新的知识体系与理论的形成，一种新的建筑师群体的崛起，一种新的使用方式和市场的拓展，以及一种新的培训与教育体系的开创。由此，负责建造和维护建筑环境的专业组织与运营系统发生变化，它们共同为以往时代所积存下来的问题提供解决方案，并不断拓展更为全面的崭新领域。

换言之，我们也可将中国传统建筑视为一种范式，数千年来，这一范式基本上没有发生太大变化。负

---

1 托马斯·库恩著．科学革命的结构[M]．金吾伦，胡新和译．北京：北京大学出版社，2003：5.
2 所谓的共同信念可以涉及很多方面，例如一群科学家或研究人员，他们拥有共同的价值、规范，共享的科学语言和符号系统，以及包括定律、理论、应用、仪器设备等在内的各种范例。在这样的共同体中，成员之间的内部交流比较充分，专业方面的看法也比较一致。他们参考同样的文献，得出类似的经验。由于不同的科学共同体会关注不同的科学问题，所以超出共同体的界线进行专业交流就很困难，并常常引起误会，甚至造成严重分歧。
3 在库恩的理论中，科学革命往往并不是由于知识的积累而产生，其中涉及难以明确的过程。一旦某种科学范式得到改变，人们看待世界的方式也随之改变。就如伽利略对于亚里士多德动力学的改变，拉瓦锡对于燃素论的改变，哥白尼对于地心说的改变。在一种新的范式指引下，科学家会关注与以往不同的新领域，看到新的不同的东西，采用新工具去工作。这就好像整个专业共同体突然被载运到另一个行星上去，在那里他们过去所熟悉的物体显现 在一种不同的光线中，并与他们不熟悉的物体结合在一起。在一种范式变革之后，科学家们所面对的是一个不同的世界。然而另一方面，那种被取代的旧范式，或者一度流行的自然观，在当时的背景下并不比今日流行的观点缺乏科学性，更也不是人类偏见的产物。
4 托马斯·库恩著．科学革命的结构[M]．金吾伦，胡新和译．北京：北京大学出版社，2003：5.

责进行建造这些传统建筑的木匠、石匠或瓦匠，他们与同时期世界各地的同行一样，遵从于基本的建造常识与内部经验，并且通过师徒关系进行传承。他们同时也形成了一种小范围的行会组织，在有限的领域里进行着行业管理和经验交流。

在19世纪末20世纪初，随着国门的打开和现代工商贸易的发展，中国学生开始出国留学，他们学习并引入了现代意义上的"建筑学"，成为能够从另外一种视角进行设计和建造的专业人才，针对延续了数千年的传统建筑体系进行变革。尽管他们在大多数场合思考着如何延续中国建筑的传统，但在本质上，他们设计、建造不一样的建筑，并且传授与中国传统建筑方式截然不同的方法体系。

正是由于这种截然不同，几乎在所有场合中，这一批海外留学归来的中国建筑师被称为"第一代"，就意味着他们的工作是一种开创。因为在以往，中国并不存在这样与之相应的设计与建造方式，也并不存在孕育它们的土壤，它们是由海外学习而来的。作为中国近代建筑发展的最主要的一支力量，毕业于宾夕法尼亚大学的中国建筑学人在其中发挥了奠基性的作用，这主要体现于以下3个方面的基础性贡献及影响：1）发展了中国近代建筑学科；2）创建了中国近代建筑实践；3）奠定了中国近代建筑教育。

他们积极探索，勇于革新，在民族性与科学性等各类实践议题中，努力寻求新民族形式与现代派风格并重的设计方法，创作出一大批具有影响力的优秀作品，实现了对职业诉求与社会理想的追求；他们的足迹也遍及当时的中央大学、东北大学、沪江大学、之江大学、清华大学等各高校建筑系。在历史进程中，这些建筑院校不时经受并转、迁徙、停滞，历程艰苦，逐步形成了各具特色的教学体系。正是由于这些开创性的工作，毕业于宾大的第一代建筑师可以称为中国近代建筑发展最为重要的一块基石。

3）作为一种重要变量的布扎体系

然而从一种更为宽泛的视野来看，中国第一代建筑师所取得的成就虽为开创性，本质上也可以理解为一种转型，并且引发了对于原有体系的重大变革。这种变革在当时并不代表空前绝后，在今天也不意味着销声匿迹。可以认为，这些变革中既体现着中国自身从传统到现代的社会转型，也涉及更为广泛的建筑体系的范式转型。对于中国近代建筑而言，由于这两种转型几乎同时发生，因而令人有些难以厘清，并导致了一定程度的复杂性。

如果将这些问题放置到更为宏观的视野中，建筑学的现代转型并非只有中国有所面临，在相对较早时期的日本、美国、欧洲各国也都曾面临。撇开地域、民族等因素，19、20世纪在世界范围内所呈现的现代建筑发展，既是"传统"到"现代"、"民族"到"国家"的意识觉醒，也是总体时代性的社会转型。相对于建筑学科中的价值准则、方法体系，关于这一转型的辨析更加值得关注。

如果从库恩的范式转型的角度来看，在这样一种承前启后的转换过程中，必定存在一种变量因素，促成了这一转变过程；同时也必然存在一种稳定因素，使得转变并不等同于一种断裂，前后之间仍然存在一种衔接关系。

以留学于宾大的中国第一代建筑师为例，他们在宾大接受了西方建筑的系统性训练，而宾大作为当时美国最为重要的一所建筑院校，其教育方法根植于巴黎的高等美术学院，在宾大就学的中国学生深受布扎设计方法和理论的影响，并将其带回到在中国的研究、实践与教育之中。

在这样一种移植过程中，所谓的布扎可谓是一种核心因素。然而这一因素在中国近代建筑史的研究中始终鲜有实质性的探讨，可能是因为长期以来所存在的一种误解：人们更为习惯性地站在民族主义或现代主义的立场上，将布扎或视为一种舶来、异类的因素，或视为一种过时、反动的因素，从而难以深入。

然而另一方面，人们又无法否认这些因素对于中国近代建筑教育所产生的影响。这就有如顾大庆关于布扎（鲍扎）在中国的状况所提出的问题，"布扎式的建筑教育在中国已经实行了近80年，1927年在南京的中央大学设立的建筑系被公认为这段历史的起点。但是关于这个过程的终点，却没有一个共识。很难说现今的建筑教育只是继续着'布扎'的传统，或者已经完全脱离了'布扎'的束缚而进入了一个新的历史阶段"[1]。

可以认为，在中国近代建筑研究中，关于民族、地域、文化等因素的过度强调，相应导致了对于建筑学的社会时代因素，以及一些基本普遍特征的简化与淡化。如果仅将中国近代建筑发展历程滞留于传统思维框架中进行反思，则会相应导致对于宏观背景的忽略，并局限于一些表面问题的争议中。

4）关于布扎的双重理解

尽管关于布扎在中国的移植与传播的问题有待更多深入的研究，但首先需要厘清的，是关于布扎更为普遍性的基本含义，以及它对于中国近代建筑而言，应当如何被理解为一种变革性因素。总体而言，布扎的意义是在与以往的工匠体系相比较的过程中得出的。关于布扎可以存在两种理解：

（1）作为一种风格的布扎。长久以来，布扎习惯性地被视为一种修饰性风格，一种与19世纪折中主义、复古主义相联系的建筑样式和风格品味。从实用性角度而言，布扎意味着一种装饰性策略，可以将不曾出现、难以归类的建筑提升到"高等艺术"的地位。例如在法国，哥特式和罗马风建筑的丰富遗产成为较为常见的研究主题，因为这些风格被普遍认为是设计宗教建筑的有效方法[2]。

（2）作为一种体系的布扎。在一篇名为《巴黎美院与建筑教育》（The Ecole des Beaux-Arts and Architectural Eduction）的文章中，保罗·克瑞反对将布扎视为一种风格，而是将其称为一种方法体系，也就是巴黎美院相关的一种教育体系。保罗·克瑞在宾大的继承人约翰·哈伯森（John Harbeson）总结了克瑞在宾大所主持的建筑教育的核心概念，"建筑设计的重点并非在于装饰或细节，而是通过制定一种可以满足实际需要的布局、合理的建筑体量关系，以及门窗开口的优美布置等，以营造一座令人赏心悦目的建筑"[3]。

另一位曾经在宾大执教过的布扎研究专家大卫·凡·赞藤（David Van Zanten），将布扎体系解释成3个方面的设计步骤：

（1）渐进式的设计细化技术，它起始于一种概念，完成于一种空间形式；（2）在建筑形体与关系方面作出选择，这需要建筑师持有某种哲学立场；（3）最终，建筑设计的结果需要以三维方式表达出来，以呈现设计意图的原始初衷[4]。

由此可见，在这样一种角度中，布扎被视为一种具有普遍性的设计原则，或者是一种范式性的认知结构与方法体系。这意味着布扎是自17世纪开始逐渐

---

1 顾大庆. 中国的"布扎"建筑教育之历史沿革——移植、本土化和抵抗[J]. 建筑师, 2007(4): 5.
2 The Architecture of the Ecole des Beaux-Arts[M]. New York: The Museum of Modern Art, 1976.
3 John F. Harbeson. The study of architectural design[M]. New York: W. W. Norton & Company, 2008: 2.
4 David Van Zanten. The Architecture of the Beaux-Arts[J]. Journal of Architectural Education, 1975, 29(2): 16-17.

成型的，一种关于建筑学的知识系统、操作系统与评价系统。而在建筑教育领域，人们一般认为这一系统于20世纪中叶逐渐消退，具体表现为所谓的包豪斯体系对于布扎体系的全面取代，以及巴黎美术学院于1968年的终结。

如果这是一种共识，那么同样道理，布扎对于之前所普遍存在的建筑体系的取代也是一种范式转型，而这一转型，是与始自15世纪的西方社会重大社会变革相关的，可以纳入更为宏观的人类社会的现代化进程之中。

3. 巴黎美院与法式布扎

1）法式布扎的范式研究

人们一般称谓的"布扎"（Beaux-Arts），其本意是"美术"（Fine Art），而全称则是"美术学院"（Ecole des Beaux-Arts）。从这一名称中，大致可以提炼出以下两层含义：

（1）作为"美术"进行理解。将建筑作为一种艺术进行考虑，尽管其中涉及许多难以厘清的复杂因素，但最基本的立场有别于仅将建筑作为一种技术过程的观点。如何使得建筑成为艺术，所依托的是对终极、普遍的美学标准的遵循，这也相应需要通过美学理论来不断寻求达到标准的途径。在相当长的历史时期内，由古希腊和古罗马的多立克、爱奥尼或科林斯等建筑柱式所衍生出来的比例、尺度系统，成为这一思想的具体表现。古代建筑作品以及意大利、法国在文艺复兴时期的作品，也成为对于布扎研究的典范。作为一种美术工作方法，这相应需要建筑设计拥有高超的绘画技能，需要从事建筑设计研究的循序渐进的方法，以及对于经典著作、图像场景进行持续性的参考[1]。

（2）作为"学院"进行理解。布扎是一种与学院相关的教育体系，其中的含义与以往的工匠体系以及师徒制体系有所不同：它既是一种知识传授方式，也是相应而来的思想体系、知识体系与操作体系。

为了避免混淆，本文采用"巴黎美院"来代表"巴黎美术学院"的学校含义，采用"布扎"来代表在这一教育体系中所涉及的方法、模式以及思想观念。作为世界上最早建立的建筑学校，巴黎美院起源于路易十四时期的皇家建筑学院（Acadmie Royale d'Architecture）[2]。1671年，为了保证皇家建筑的高水准品位，路易十四时期的权臣科尔贝（Jean-Baptiste Colbert）召集成立皇家建筑学院，并赋予受聘成员以皇家建筑师（Architectes du Roi）的特许权，担任政府顾问，负责各种国家建设项目。学院成员每周聚集商讨建筑理论和实践，讨论建筑中的艺术规则；学院还提供了关于建筑问题的公开讲座，讲授建筑、几何、力学、军事建筑、石材切割以及其他必需的知识。在18世纪初，这些讲座合并成为两年或三年的课程。同时为了甄选合格的学生，皇家建筑学院于1720年设立设计竞赛，并且成为后来著名的罗马大奖（Prix de Rome）[3]。

---

1 John F. Harbeson. The study of architectural design[M]. New York：W. W. Norton & Company，2008：xv.
2 在法国历史上，雕塑、建筑、绘画等艺术拥有庞大的工匠行会系统，并且受到法律保护。然而，它们最明显的缺点是视野狭隘、排他性强。Paul P. Cret. The Ecole des Beaux-Arts and Architectural Education[J]. Journal of the American Society of Architectural Historians，1941，1（2）：4.
3 罗马大奖创立于1663年，由法国皇家绘画与雕塑学院经过严格选拔，分别在绘画、雕塑、建筑和雕刻四个方面挑选最杰出的学员，获奖者将可以前往罗马，在著名的美第奇别墅中学习三年，接受意大利著名艺术家的指导。1720年改为每年一次的比赛，取名Prix de Rome，获奖学生可以前往罗马进行五年的学习。Paul P. Cret. The Ecole des Beaux-Arts and Architectural Education[J]. Journal of the American Society of Architectural Historians，1941，1（2）：4.

这两个步骤差不多奠定了影响至今的建筑教育体系，其意义在于：（1）使建筑教育不再限于口传身授，从而转为可以广泛传播的公共知识；（2）通过设计竞赛来进行选择和评价[1]。

然而，这样一种教育体系的建立与变革并非独立发生。除了建筑专业自身的工作模式、表达方式与思维逻辑外，它同时也映射了来自时代、社会、技术、知识结构的变革需求。这具体表现为以下四点：

（1）建造主体从工匠向建筑师的转变。在以往时代，由于建筑的规模、性质比较简单，其建造过程更多依赖于一种内部经验，并不需要图纸、模型等工具媒介来组织分工协作。由于建筑与绘画、雕塑等艺术活动较为近似，工匠、画家之间构成了一定的行会系统，以规范行业成员的执业行为。自文艺复兴时期以来，艺术家逐渐从行会中独立出来，而艺术品与工艺品也相应有所分离，其目的是为了适应将为少数人所创造的高雅艺术从大众艺术中分离出来，这也促进了艺术家社会地位的提高。

（2）建筑教育逐步成为具体、可传授的方式。在此之前，建筑与其他行业一样，是通过在工匠作坊或家中进行的学徒制的传授。尽管在文艺复兴时期，意大利可能已经形成了一些类似于学校或工作室的教育机构，但它们并非是一种公共机构，而只限于为少量学徒提供指导。在17世纪，法国政府开始开办美术学院，就意味着建筑教育从学徒制向学校制的转变，促使建筑成为一门艺术。在与旧时代艺术家的竞争中，美术学院必须承担一种协会性质的职能，即培养未来的艺术家。

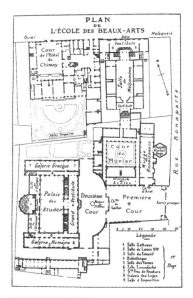

巴黎美术学院平面图
资料来源：DREXLER Arthur. The Architecture of The École des Beaux-Arts[M]. New York：The Museum of Modern Art, 1977：78.

巴黎美院入口及庭院
资料来源：HARBESON John F. The Study of Architectural Design[M]. New York：W. W. Norton & Company, 2008.

---

1 巴黎美院每年有两次入学考试，仅有为数不多的学生可以获得参加考试的机会。学生的成熟度是一项重要的考虑因素，一旦得到录取，他们需要管理自己的时间，参加讲座和其他课程。学生所需要做的就是通过最后考试，具体过程没有时间控制，但是在三十岁之前必须从美术学院毕业。

（3）建筑设计的社会意义得到增强。获得极大发展的城市公共建筑，尽管仍然作为皇室、贵族的空间治理工具，但也促成了现代国家意识的觉醒。这也相应提高了建筑师的社会地位，使之成为一种专业人士，或者如同今日所谓的白领阶层，并且逐步远离于原先的师傅、工匠的低微角色。

（4）知识及价值体系的转型。美术学院所传授的内容立足于合理性基础，换言之，所依托的是对绝对的、普遍的美学标准的遵从。布扎的建筑师对于美学理论不断进行探索，以寻求达到这些标准的途径。

在成立后的大约一百年间，皇家建筑学院所招收的学生很少，大约只有二三十人，这表明旧有的学徒制度仍然占据主导。到19世纪时，美术学院的招生开始出现大量增长，学徒方法也相应下降，艺术教育开始广受欢迎。

2）布扎教育在法国的发展

1789年法国大革命之后，法国国民大会成立法兰西学院（Institut de France），下属5个分院。美术学院（Academie des Beaux-Arts）则成为其中的第四个分院，拥有40位成员，由画家、雕塑家、建筑师和作曲家所组成[1]。1807年，美术学院从法兰西学院分离出来，并于1816年迁于今址巴黎波拿巴路14号（14 Rue Bonaparte, Paris），1819年改组并更名为国立高等美术学院（Ecole Nationale Superieure des Beaux-Arts）。

1863年，拿破仑三世进行改组，将美术学院直属于政府的艺术部，专授建筑、绘画、雕塑。其教授方法最特殊之处在于采用绘图房制度（Atelier System）。校内共有3间建筑绘图房，每间绘图房有一名国家任命的教授（patron），院长亦由国家任命。巴黎美院正式成立后，又逐渐在里尔、里昂、鲁昂、马赛、斯特拉斯堡等城市设立分院。到1950年时，分院已有13处，而巴黎本院的学生达到1000人[2]。

从17世纪到20世纪中叶[3]，巴黎美院始终不断在发生着变化。与此同时，针对布扎的批评也是一直持续不断，主要在于以下一些原因。

（1）建筑师被赋予皇家特许权，控制着主要公共建筑的设计与建造，事实上也形成了一种行业性垄断，与它开始反对的行会垄断实属一脉。同时逐步屏蔽普通市民在建筑领域的自由参与，在18世纪时已经引起了社会的广泛不满。建筑师开始追名逐利、力求功勋，与政治势力沆瀣一气，与艺术理想则渐行渐远。

（2）作为文艺复兴建筑的衣钵传承者，巴黎美院盛行崇古思想，将罗马艺术作为建筑真理的最高和最终表达，具体表现于所实行的罗马大奖赛以及罗马游学等方面。对于古典建筑形式、比例和装饰的注重，相应导致学术观点的狭隘性，导致美院的教学时常陷入迂腐、狭隘和过时的状态[4]。

然而不能忽略的是，在世界近代建筑史中大多数的建筑大师或杰出学者，如弗朗索瓦·布隆戴尔（Frangois

---

1 Paul P. Cret. The Ecole des Beaux-Arts and Architectural Education[J]. Journal of the American Society of Architectural Historians, 1941, 1（2）: 3-15.
2 巴黎美院分院的课程科目与设计课程都与巴黎本院相同，考试题目与设计图纸评审标准也和巴黎统一。学生成绩在巴黎进行审定，与主校作品同时考核，择其最优者，轮流送至各分校进行展览。童寯. 建筑教育史[M]// 童寯文集：第一卷. 北京：中国建筑工业出版社，2000.
3 1967年，巴黎美院建筑专业学生经受着过时的教育制度毕业难关，不满于只是改革，而要求教育连同商业和社会进行彻底革命。1968年5月动乱而达到高潮，学生进行罢课。5月16日，学生提出：（1）反对职业权威对建建筑的把持；（2）反对千篇一律抄袭杰作；（3）反对为建筑企业集团利益服务。童寯. 建筑教育史[M]// 童寯文集：第一卷. 北京：中国建筑工业出版社，2000.
4 童寯. 建筑教育史[M]// 童寯文集：第一卷. 北京：中国建筑工业出版社，2000.

Blondel)、克劳德·佩罗(Claude Perrault)、加布里埃尔(Ange-Jacques Gabriel)、拉帕特(La Pautre)、勒沃(Le Vau)、达尔贝(François d'Orbay)、勒诺特(Le Notre)、艾提内·布雷(Étienne-Louis Boullée)、克劳德·勒杜(Claude-Nicolas Ledoux)、罗伯特·德克特(Robert de Cotte)、夸特梅尔·德·昆西(Quatremre de Quincy)等,都曾经是巴黎美院的重要成员。在社会大变革的时代,他们是17、18世纪建筑学的伟大引导者,无论在学术上还是在实践中,他们的杰出成就逐步建立了法国建筑在世界上的地位。

因此,貌似因循守旧、食古不化的巴黎美院及其承载的布扎体系,其实也蕴含着变革性因素,现代建筑发展所包含的许多萌芽均源自于布扎方法。例如拉布鲁斯特(Henri Labrouste)所设计的划时代的圣吉纳维夫图书馆和法国国家图书馆,在形式上并未采用新古典主义的厚重墙体的惯用手法,而采用新颖而轻质的钢结构,使得理性主义的结构中充满了浪漫主义色彩;查尔斯·加尼耶(Charles Gamier)的巴黎歌剧院尽管仍为一座庄重辉煌的公共建筑,但其空间格局与功能组织却是由其所内含的活动流程所决定,而这与后来的现代主义建筑的思想模式没有太多区别。

布扎建筑师所作出的另一项重要贡献经常容易遭到忽视,也就是他们在建筑设计中对于城市环境的思考。例如莱昂·沃道夫(Leon Vaudoyer)设计的马赛大教堂,从外观上看,这是一座带有强烈折中主义手法的新古典建筑,但是它清晰明确的混合性特征,以及精巧组装的多元性体量,使之与所处城市环境的丰富性完好地融合在一起,表达了对于城市环境整体性的尊重;另一罗马大奖赛的获奖者托尼加尼耶(Tony Gamier),虽然深受古典教育的熏陶,但其著名的工业城市(Cite Industrielle)构想完成于他在罗马学习期间,这个表面上与学院派没有半点关系的方案,成为现代建筑历史中的一个重要里程碑。

巴黎,法国国家图书馆,Henri Labrouste 设计,1854—1975 年
资料来源:DREXLER Arthur. The Architecture of The École des Beaux-Arts[M]. New York:The Museum of Modern Art,1977:430.

马赛大教堂,莱昂·沃道夫设计,1845—1993 年
资料来源:DREXLER Arthur. The Architecture of The École des Beaux-Arts[M]. New York:The Museum of Modern Art,1977:424.

4. 美国布扎的传承与变革

1)布扎体系在近代美国的传播与发展

作为 19 世纪欧洲最重要的艺术学校,巴黎美院不仅吸引了来自法国和欧洲的学生,而且还有大批来自美国的学生。

第一个进入巴黎美院学习的美国学生是理查德·亨特(Richard Morris Hunt)。亨特于 1846—1854 年期间在巴黎美院师从勒费尔(Hector Lefuel),后来又加入勒费尔的事务所工作,并参与了卢浮宫博物馆的扩建项目,这也为布扎在美国的转型埋下了伏笔。

在巴黎美院,绘图房并不等于建筑设计事务所,而是一种由美院的学生自发组织、用于学习建筑的机构,是一种类似于私塾的建筑学校。[1] 亨特回到美国之后,创新性将两者进行了统合,也就是建筑事务所与建筑学校合二为一。它既是一个专业性的建筑事务所,也是一个进行建筑教育的场所,是年轻建筑师的培养基地。

亨特为他的后来者树立了榜样。在他之后,越来越多的年轻美国学生前往法国学习建筑。到 1890 年代时,巴黎美院拥有多达 60 名的美国学生同时学习,他们成为最大的外国学生群体。到 1907

---

[1] "Ateliers were not architectural offices, they were private schools of architecture." John F. Harbeson. The study of architectural design[M]. New York:W. W. Norton & Company, 2008.

年时，仅在纽约就有120名曾经留学巴黎美院的建筑师就职[1]。

接受过巴黎美院教育的美国学生在法国和美国都取得了突出成绩[2]。其中包括当时美国最为杰出的建筑师，如亨利·理查森（Henry Hobson Richardson）、路易斯·苏立文（Louis Sullivan）、雷蒙·胡德（Raymond Mathewson Hood）、查尔斯·米金（Charles Follen McKim）、约翰·卡雷尔（John M. Carrere）、威廉·德拉诺（William Delano）、托马斯·哈斯汀（Thomas Hastings）、亚瑟·布朗（Arthur Brown）、惠特尼·沃伦（Whiney Warren）等，他们在美国东西海岸设计了大量至今仍然影响深刻的公共建筑，如纽约的公共图书馆、市政府大楼、宾州火车站、中央火车站、大都会美术馆、哥伦比亚大学图书馆、洛克菲勒中心；波士顿的三一教堂、波士顿美术馆；华盛顿的国家美术馆、国家档案馆；旧金山市政厅、太平洋燃气、电气大厦、赫斯特城堡等。基本上可以说，现代美国的形象在他们的努力中得以树立。

2）美式布扎背景下的建筑教育

另外，19世纪迅速发展的美国城市对于职业建筑师形成了巨大的需求。1893年，一群毕业于巴黎美院的美国留学生在纽约成立了布扎建筑师学会（Society of Beaux-Arts Architects），其下附设教学机构，宗旨是尽力模仿巴黎美院学制，从事建筑教育，可使学生不去巴黎，亦可接受同样模式的培养。建筑协会的科目包括建筑设计、雕刻、壁画，由协会会员任教。他们负责批改作业并按期评选竞赛方案，同时也约集全国一些专业院校，将学生作业图纸送至纽约参加评比，

波士顿公共图书馆，Mckim Mead & White 设计，1895年
资料来源：Carlhian Jean Paul. Ellis Margot M Americans in Paris[M]. New York：Rizzoli, 2014：188-198.

1 John F. Harbeson. The study of architectural design[M]. New York：W. W. Norton & Company, 2008.
2 美国建筑师威廉·德拉诺于1902年赢得了享有盛誉的 Prix Departmentale。这一奖项颁发给在学年中所获奖牌最多的学生，即使对法国人来说也是难得的荣誉。

择优给奖。这一教育事业发展迅速,并于1904年起,设立每年一度的"巴黎大奖赛"(Paris Prize),得奖者获得资助,可以前往巴黎美院进修并游学欧陆3年。

在这一时期,布扎建筑师协会对于布扎体系在美国的传播与推广起到很大作用。到1890年时,美国几乎所有重要的建筑学校,包括麻省理工学院、哥伦比亚大学、康奈尔大学、密歇根大学和宾夕法尼亚

纽约,中央火车站,John Russell Pope 设计,1933年
资料来源:Carlhian Jean Paul. Ellis Margot M Americans in Paris [M]. New York:Rizzoli, 2014:188-198.

Richards Morris Hunt 绘图房,纽约,1860年
资料来源:OCKMAN Joan. Architecture School:Three Centuries of Educating Architects in North America[M]. Cambridge, Mass, London:The MIT Press, 2012:79

布扎设计协会纽约总部,评图展厅陈列来自全美各地工作室的学生设计图纸
资料来源:HARBESON John F. The Study of Architectural Design[M]. New York:W. W. Norton & Company, 2008:3.

大学，都已转变为布扎教学方法。到1911年时，几乎所有美国建筑院校都已经聘请毕业于巴黎美院的教师前来任教[1]。1912年，全美建筑院校联合会成立，其目的是增进联系，以提高教学质量。

1916年，为了参加定期举办的全国设计竞赛，由各个院校送往纽约的图纸已经多如牛毛，必须另设教学机构进行处理，因此布扎建筑师协会改组成立"布扎设计学院"（Beaux-Arts Institute of Design，BAID），并于1928年在纽约建造学院新校舍，以便陈列大量竞赛图纸，进行评选。到1929年时，全美已有44所专业院校参与布扎设计学院组织的竞赛，这种竞赛活动对设计课程虽有促进和鼓励作用，但也助长了奖牌至上的风气。

3）宾大建筑教育体系

在这一过程中。由于受到巴黎美院的影响既久又深，宾夕法尼亚大学的建筑专业显得非常突出，并且成就了在20世纪初期的辉煌。

宾夕法尼亚州在建筑教育方面的参与始于19世纪后半叶。1874年，宾大聘请托马斯·理查兹（Thomas Webb Richards）担任汤恩理学院（Towne Scientific School）的建筑专业教授，开始设置建筑教育。1890年，宾大成立独立的建筑系，聘请钱德勒（Theophilus Parsons Chandler, Jr.）担任建筑专业负责人。1920年，宾大成立美术学院（School of Fine Arts），建筑系从汤恩理学院分离出来，成为美术学院中的重要组成部分。这一过程既意味着常规大学对建筑学专业的接纳，建筑教育被融入大学教育体系之中，同时也意味着宾大建筑专业被正式纳入艺术范畴之中[2]。

劳伦斯·维赛（Laurence Veysey）认为，基于大学的建筑专业包含三种概念：1）作为一种公共服务的高等教育；2）作为一种较为纯粹的科学研究，这以德式的技术院校为代表；3）作为一种社会文化的高等教育，其使命是提高公众的文化品味，扩展人类的精神自由。这3点都是改革者对美国高等教育"彻底和根本性改变"要求的回应，但是每个概念对建筑学都会有其自身的含义[3]。

当保罗·克瑞于1907年在宾大接受全职教席时，布扎方法已经成为美国建筑和建筑教育的主导，但是克瑞将宾大建筑提升到全美之翘楚的高度。1921年，宾大建筑系在全美院校中首获法国建筑师协会大奖（Société des Architects Diplomés par le Gouvernement Français）：在1910—1930年期间，来自宾大建筑专业的学生连续4年获得巴黎大奖，并获得了将近1/4的全美设计竞赛奖章[4]。在这一时期，学生在各类设计竞赛中获得奖项的数量是衡量一所学校建筑教学质量的重要标准，这也意味着，宾夕法尼亚大学在当时达到了美国建筑教育的顶峰。

4）美式布扎的重要影响

随着大量美国学生前往巴黎学习建筑，以及布扎教育体系在美国的普及，美国建筑教育的整体水平也

---

1 其中包括著名法国设计教授马斯奎莱（Emmanuel Masqueray）。他仿照巴黎高等教育学院，于1893年创建了美国第一家建筑工作室。另外还有麻省理工学院的戴斯普莱德（Constant-Desire Despradelles），康奈尔大学的普莱沃（Jacques-Maurice Prevot），他们都是来自法国的建筑师，负责建筑学课程。
2 Laurence Veysey. The Emergence of the American University[M]. Chicago：University of Chicago Press，1965：13.
3 Joan Ockman. Architecture School：Three Centuries of Educating Architects in North America[M]. Cambridge, Mass., London：The MIT Press.
4 John F. Harbeson. The study of architectural design[M]. New York：W. W. Norton & Company, 2008.

得到极大提升。然而由于历史、文化、制度等方面系统性的差异，美国的建筑教育思想与巴黎美院之间还是呈现出越来越多的差异性。曾经在理查德·亨特事务所工作，后来负责成立哥伦比亚大学建筑专业的威廉·威尔（William Robert Ware）曾言，"关于一座宫殿的研究并不一定适用于一座住宅的设计"[1]。这大体上反映了两者之间既微妙又明确的差别。

作为一所国立院校，巴黎美院设置在国家的学院体制之中，其目标是培养国家建筑师，负责国家重要建筑的设计，使其格局与形式能够体现大革命后法国精英主义的意识形态。相较之下，直到19世纪末，美国建筑师只是在常规建筑方面扮演一些角色。在那一时期，美国正处于高速城市化、工业化的进程中，深受市场、资本的驱动，与当时处在集权化、中央性的法国非常不同。尽管美国建筑师也注重建筑外观和内部装饰的设计，但主要意图是在激烈的商业竞争中，使之成为用来吸引客户的有效工具。

在这样的背景下，带有强烈布扎色彩的建筑设计体系依然在具体的经济、社会和职业环境中，为美国的城市发展取得了巨大的成功。建筑师通过特定的建筑设计方式，可以在各种项目的不同条件、要素、诉求之间取得平衡，形成了一系列堪比于法国的宏伟纪念性建筑。

例如由沃伦＆维特莫尔（Warren & Wetmore）与里德＆斯得姆（Reed & Stem）合作设计的坐落于纽约市中心的大中央火车站，不仅为城市构造了一个宏大的艺术空间，而且将各种复杂的内外交通体系整合为一体，满足了现代大都市中心的多元化需求，完美地处理了功能与美学之间的融合关系。更重要的是，美国的布扎建筑师能够将壮丽的古典传统，应用于美国城市独特的新建摩天楼的设计之中，甚至成为欧洲城市的典范。

19世纪末和20世纪初，大部分的美国城市仍然处在蓬勃发展的初期阶段，美国的布扎建筑师在城市公共建筑设计中展现了独特的方法和能力。作为巴

纽约中央大火车站，沃伦＆维特莫尔，里德＆斯特姆设计，1907—1913年
资料来源：DREXLER Arthur. The Architecture of The École des Beaux-Arts[M]. New York：The Museum of Modern Art，1977：480.

哥伦比亚世博会，1893年
资料来源：DREXLER Arthur. The Architecture of The École des Beaux-Arts[M]. New York：The Museum of Modern Art，1977：471.

---

1 David Van Zanten. Just What Was Beaux-Arts Architectural Composition?[M]// Jeffery W. Cody, Nancy Steinhardt, Tony Atkin ed.. Chinese Architecture and the Beaux-Arts. Honolulu：University of Hawaii Press, 2011：28.

黎美院的延伸结果，在巴黎学习的美国建筑师不仅掌握了古典建筑的设计技能，而且能够使之适应于快速变革之中的新世界。这一切在芝加哥于1893年举办的哥伦比亚世博会上达到了高峰。虽然世博会的展馆建筑完全由来自纽约的布扎建筑师所设计，在近代建筑史上留下了较为负面的印象，但它们形成了一个壮丽的城市合奏曲，宏大的比例和协调的白色扩展成为一种城市建筑学。而这又通过在1930年代后期于华盛顿特区建造的国家美术馆等项目，在更多的城市形成了共鸣，构成了美国建筑的古典复兴时期。

由此，威廉·威尔在哥伦比亚大学的后继者哈姆林（A. D. F. Hamlin）总结道："美国建筑自1876年百年国庆以来，尤其是自1893年芝加哥哥伦比亚博览会以来，发生了非比寻常的演变，这几乎就是一场革命。它沿着两条路线进行发展，也就是宏大规划（monumental planning）与建筑构成（composition）。这主要归功于巴黎美院及其师生，还有完全源自美国自身的科学建设的原则。"[1]

他非常坚定地认为巴黎不再是"世界上唯一可以真正进行有效的艺术教育的地方"，并且认为，"我预见在不久的将来，美国的建筑专业学生将不再出现在巴黎美院的庭院和大厅里。不，我预想在将来某一天，这不会太遥远，法国学生将来到美国学习建筑，学习一种极富感染力的建筑——它渗透着美国人自身所拥有的新鲜而独立的思想，以寻求新的灵感、新的观点、新的激情"[2]。

5. 范式转型中的中国近代建筑

1）中国近代建筑专业的形成

1919年，一位仅留下英文姓名的中国建筑师Willim H. Chaund在当年8月的《远东评论》中，发表一篇题为《建筑学力量与中国民族主义》的文章。他在其中写道："今日中国正站在国家复兴的门槛之上，这文艺复兴有充沛活力在背后推动……中国建筑师将逐步建立起一种具力量和气势的建筑，这种建筑或许会为将来世世代代所引以为傲。"[3]

1920年代以后，中国政治局面趋于平稳，工业化、城市化水平有了一定提升，一些重点城市在政治、经济与文化等领域有了较大发展。特别是上海、天津等城市租界地区的繁荣建设，引发了对于工程师和建筑师的大量需求。同时，伴随着美术运动的发展，人们对于建筑与文化、现代化与都市化的认识不断提高，建筑师获得了大显身手的时机。

正是在南京中山陵以及上海新市屋这样举国瞩目的项目中，建筑师的概念逐步开始出现；并且通过成立于1927年的上海建筑师学会，建筑师的职业名称开始在社会范围的专业分工中得以定型，其现代身份获得了社会广泛认同[4]。建筑师不再是传统意义上的匠人，并且逐步成为与科学家、艺术家相同的文化精英。第一代建筑师们也通过建立专业组织，确立了自己的专业资格、职业标准和道德规范。

---

1 Joan Ockman. Architecture School：Three Centuries of Educating Architects in North America[M]. Cambridge, Mass., London：The MIT Press, 2012：16.
2 同上。
3 郭杰伟，建筑界的蝴蝶，William Chaund关于现代建筑之宣言。Jeffery W. Cody, Nancy Steinhardt, Tony Atkin ed.. Chinese Architecture and the Beaux-Arts[M]. Honolulu：University of Hawaii Press, 2011：11.
4 赖德霖. 中国近代建筑史研究[M]. 北京：清华大学出版社，2007：143.

这一过程并非孤立发生，建筑学与商业、服务业、政府机构和文化事业的关联，意味着它必然受到时代社会发展的影响。在这一背景下，毕业于宾大的中国第一代留学生回到中国，参与了中国近代建筑专业体系的设立，不仅逐步形成专业性的共同标准和规范，而且也通过成立专业教育以传授建筑知识。在这一过程中，诚如赵辰所言，"所谓的'中、西文化之争'并不是真正的问题，而中国的文化传统如何走向现代文明，才是真正的问题。只是以国际化、工业化、科学、民主等为特征的现代文明，确实是以西方文化为主体而发展起来的。任何一个非西方文明体系要接受现代文明的洗礼，都意味着一定意义上受西方文化的影响或改良"[1]。

从近代建筑在法国的起源以及在美国的转型发展来看，中国第一代建筑师留洋学习建筑，所面临的情况与当时美国学生前往巴黎留学，甚至巴黎学生前往罗马学习建筑时的情形基本类似。

换言之，"现代建筑学在中国的出现并非是自然发展的结果，而是外来文化移植的产物"，近代中国建筑师的形成和建筑教育在中国的发展就体现了这一移植的过程。中国建筑受到了西方建筑在结构、技术和形式诸方面的影响，而与传统营造方式逐渐分离。尽管是一种移植，但也促成了一种新范式的建立。

从今天的角度来进行反思，那么所需提出的一个问题就在于，如果将布扎视为一种普遍性范式，它在中国近代建筑的发展过程中确实成形、存在了吗，确实形成影响力吗？答案是必然的，因为从诸如东北大学、中央大学等学校的建筑教育，从第一代建筑师关于中国传统建筑的研究，以及从他们在上海、南京、天津的建筑实践中都可以明确地看到。

但是，这一范式被当时以及后来的建筑历史研究清晰地意识到，并且被深刻理解了吗？这一答案有些似是而非，其原因就如顾大庆在其文章中所提到，"在这样一个学术架构中，存在两个基本的缺憾；其一，片段细节有余，而整体归纳不足，缺少对建筑教育历史发展沿革的整体把握；其二，史学研究为主体，缺少一个设计者的观点，尤其缺少批判性的思考"[2]。

相对于布扎体系中的一些重要模式，诸如构成（composition）这样的重要概念以及与之相关的一些设计方法，基于整体性与批评性的反思其实更加重要，如果缺少了这些，就无法解释同样接受了宾大教育的路易斯·康所取得的伟大成就，也无法解释包豪斯体系对于布扎体系的取代。

2）多元化现实背景下的历史回溯

在一个全球化、信息化、数字化以及日益市场化的当今时代，建筑学正在经历全方位的巨大变革，日新月异的社会现实正在不断重新塑造着建筑学的外在表现与概念定义，人类与自然的关系、过去与未来的关系正在获得越来越多的重新思考，无论是建筑实践还是建筑教育，都已经逐渐细化到难以厘清的各种分枝脉络之中，而且这种视野性的拓展，也能够让建筑学察看到更多来自现实的问题和挑战。

面对这些层出不穷的问题和挑战，必定不可能存在一种现成、易行的解决方案，也不可能存在一种确凿、

---

1 赵辰. 关于"土木/营造"之"现代性"的思考 [J]. 建筑师，2012（4）：18.
2 顾大庆. 中国的"布扎"建筑教育之历史沿革——移植、本土化和抵抗 [J]. 建筑师，2007（4）：6.

有效的教育方式。但是它们确实呈现着一个值得认真反思的地方。当代的建筑学还能够像获得如同布扎那样的一种共有而稳定的范式吗？

事实上，自从维特鲁威时代以来，建筑学一直都在变化和发展。在各种时代因素的变迁过程中，它需要不断融入来自政治、社会、技术、环境、美学与文化等各方面的变化因素，针对基本技能、知识体系和传授方式进行不断调整。在一种居移不定的社会现实中，建筑学的目标与其说是为了寻求某种绝对的原则或标准，不如说是在不同的现实背景下，实现某种共识性的达成。无论是作为工匠体系中的建筑师，还是作为机器体系中的建筑师，或是作为艺术原则中的建筑师，他们游离在有些模糊不清的边界之间，动态而微妙地调整着自己的价值目标和操作原则。而在这一背景下，巴黎美院及其布扎体系就扮演着一种稳定器的角色。

于是，布扎体系对于当代建筑依然还有价值吗，或者建筑学是否还能具有一种凝聚性的思想或方法内核？对于这一问题的回应并不简单，因为这需要对于相关的社会现实以及技术体系有一种更为精细的观察，同时也需要对于宏观的历史脉络以及普遍规律有一种更为全面的视野，以辨析其中真正的因果关系。

这就如朱启钤在《中国营造学社开会演词》中所言，"凡一种文化，决非突然崛起，而为一民族所私有。其左右前后，有相依倚者，有相因袭者，有相假贷者，有相缘饰者。纵横重叠，莫可穷诘，爰以演成繁复奇幻之观。学者循其委以竟其原。执其简以御其变，而人类全体活动之痕迹，显然可寻。此近代治民俗学者所有事，而亦治营造学者，所同当致力者也"[1]。

在当前时代的这样一种背景下，针对第一代建筑留学生以及他们所引入的布扎体系进行重新审视，并不意味着一种简单的历史回顾，也不是一种孤立的文献研究，而是通过从一种更加宏观而普遍的视角出发，反思中国近代建筑发展历程，以及布扎体系在其中发挥的作用与意义，以便使我们能够更加看清在这一进程中的一些基础性因素，更为清晰地认知我们目前的位置以及前行的目的，因为这一问题至今依然相关。

---

[1] 朱启钤，中国营造学社开会演词。转引自：赖德霖. 中国近代思想史与建筑史学史[M]. 北京：中国建筑工业出版社，2016：19.

参考文献

[1] 赖德霖. 中国近代思想史与建筑史学史 [M]. 北京：中国建筑工业出版社，2016.
[2] 赖德霖. 中国近代建筑史研究 [M]. 北京：清华大学出版社，2007.
[3] 顾大庆. 我们今天有机会成为杨廷宝吗？一个关于当今中国建筑教育的质疑 [J]. 时代建筑，2017(3)：10-16.
[4] Jeffery W. Cody, Nancy Steinhardt, Tony Atkin ed.. Chinese Architecture and the Beaux-Arts[M]. Honolulu：University of Hawaii Press，2011.
[5] Arthur Drexler ed.. The Architecture of The École des Beaux-Arts[M]. New York：The Museum of Modern Art，1977.
[6] 赵深. 创刊词 [J]. 中国建筑，1932，1(1).
[7] 董大酉. 上海市医院及卫生试验所 [J]. 中国建筑，1935，3(2).
[8] 赵辰，伍江主编. 中国近代建筑学术思想研究 [M]. 北京：中国建筑工业出版社，2002.
[9] John F. Harbeson. The study of architectural design[M]. New York：W. W. Norton & Company，2008.
[10] David Van Zanten. The Architecture of the Beaux-Arts[J]. Journal of Architectural Education，1975，29(2)：16-17.
[11] 童寯. 建筑教育史 [M]// 童寯文集：第一卷. 北京：中国建筑工业出版社，2000.
[12] Joan Ockman. Architecture School：Three Centuries of Educating Architects in North America[M]. Cambridge, Mass., London：The MIT Press.
[13] 赵辰. 关于"土木／营造"之"现代性"的思考 [J]. 建筑师，2012(4).
[14] 顾大庆. 中国的"布扎"建筑教育之历史沿革——移植、本土化和抵抗 [J]. 建筑师，2007(4).
[15] Peter Rowe, Seng Kuan. Architectural Encounters with Essence and Form in Modern China[J]. Cambridge, MA：MIT Press，2002.
[16] 托马斯·库恩著. 科学革命的结构 [M]. 金吾伦，胡新和译. 北京：北京大学出版社，2003.
[17] Paul P. Cret. The Ecole des Beaux-Arts and Architectural Education[J]. Journal of the American Society of Architectural Historians，1941，1(2).
[18] The Architecture of the Ecole des Beaux-Arts[M]. New York：The Museum of Modern Art，1976.
[19] Jean Paul Carlhian, Margot M. Ellis. Americans in Paris[M]. New York：Rizzoli，2014.

《基石——毕业于宾夕法尼亚大学的中国第一代建筑师》展览现场,2017年11月。童明

图书在版编目（CIP）数据

华厦基石：毕业于宾夕法尼亚大学的中国第一代建筑师 = Foundation：The First Chinese Architects from the University of Pennsylvania / 童明编著 . —北京：中国建筑工业出版社，2021.7
 ISBN 978-7-112-26072-0

Ⅰ.①华… Ⅱ.①童… Ⅲ.①建筑师—生平事迹—中国—现代 Ⅳ.① K826.16

中国版本图书馆 CIP 数据核字（2021）第 066126 号

责任编辑：陈海娇　李　鸽
封面设计：李永晶　付金红
责任校对：赵　菲

华厦基石：毕业于宾夕法尼亚大学的中国第一代建筑师
童　明　编著
Foundation：The First Chinese Architects from the University of Pennsylvania
TONG Ming
*
中国建筑工业出版社出版、发行（北京海淀三里河路 9 号）
各地新华书店、建筑书店经销
北京雅盈中佳图文设计公司制版
北京富诚彩色印刷有限公司印刷
*
开本：787 毫米 ×1092 毫米　1/16　印张：20　字数：441 千字
2023 年 1 月第一版　2023 年 1 月第一次印刷
定价：120.00 元
ISBN 978-7-112-26072-0
　　　　（37246）

版权所有　翻印必究
如有印装质量问题，可寄本社图书出版中心退换
（邮政编码 100037）